素描赵朴初

梯山高住五层阁卧
揭竿观万里潮欲向芝
罘问仙境但须俯拾不
须招 录赵朴老句
辛卯冬日
李岚清

"百年巨匠"素描／李岚清 绘

百年巨匠
Century Masters

赵朴初

谷卿 ◎ 著

文物出版社

图书在版编目（CIP）数据

赵朴初 / 谷卿著. —— 北京 ：文物出版社，2021.1
（百年巨匠）
ISBN 978-7-5010-6706-0

Ⅰ．①赵… Ⅱ．①谷… Ⅲ．①赵朴初（1907-2000）
－传记 Ⅳ．①B949.92

中国版本图书馆CIP数据核字(2020)第091874号

百年巨匠·赵朴初

著　　者　谷　卿

总 策 划　刘铁巍　杨京岛
责任编辑　张朔婷
封面设计　子　旆
责任印制　张　丽
责任校对　孙　蕾

出版发行　文物出版社
社　　址　北京市东直门内北小街2号楼
网　　址　http://www.wenwu.com
邮　　箱　web@wenwu.com
制版印刷　天津图文方嘉印刷有限公司
经　　销　新华书店
开　　本　710mm×1000mm　1/16
印　　张　15
版　　次　2021年1月第1版
印　　次　2021年1月第1次印刷
书　　号　ISBN 978-7-5010-6706-0
定　　价　59.80元

宣传巨匠推广大师 为时代树立标杆

蔡武

文化部原部长 《百年巨匠》总顾问

文化精品创作工程包括重大出版工程、影视精品工程。《百年巨匠》就是跨界融合的一个重大文化工程，它深具创意，立意高远，选题准确、全面，极富特色，内容精彩纷呈，内涵博大精深，基本涵盖了我国 20 世纪这一特定历史时期在文学艺术方面的成就及其代表人物。它讲述的不仅仅是各位巨匠的传奇人生，更是他们的文学艺术成就同民族、国家，同历史、文化，同当代世界，同 20 世纪风云激荡的年代，以及同人民的命运都是紧密相连的。他们的成就对整个社会产生了重要而深远的影响。因此，立足 21 世纪的当今，系统全面科学解读巨匠人生与大师艺术，有着特殊而积极的意义，是社会和时代的要求。

作为一个有影响力的文化品牌，《百年巨匠》的表现形式也是多样的。《百年巨匠》丛书和纪录片互动互补，是出版界与影视界的跨界合作与融合发展，形成了叠加影响和联动效应，进一步丰富和扩大了品牌的内涵和外延。在信息社会"四屏"时代，用这样的一种方式来表达重大深刻的主题，具有重大的创新意义，是对中华优秀文化传承发展进行创造性转化、创新性发展的成功探索。体现出强烈的历史感、时代性、民族性，具有鲜明的中国特色，必将产生深远的影响。

一个民族自立于世界民族之林，离不开民族的自信心与自尊心。而民族的自信心和自尊心有其思想基础和人文轨迹，即对民族文化的重要代表人物和优秀传统应当有比较全面的了解并进行广泛传播。一个国家的历史需要记录，文化艺术同样如此。《百年巨匠》丛书秉承文献性、真实性、生动性原则，客观还原大师原貌，以更为宏阔的历史维度对大师们所经历的时代给予不同视角的再现和解读，为读者开启一扇连接20世纪中国近现代文化艺术史的大门。

巨匠们的艺术成就、人生经历、精神高度，彰显了中华民族文化在这个时代所能达到的高度，不仅有文学艺术上和文化史上的价值，而且有人文思想美学上的划时代性贡献。《百年巨匠》可以增强我们的文化自信和实现中华民族伟大复兴的意志。

《百年巨匠》还有一个重要意义，它能够激励我们后来人砥砺奋进，勇攀高峰。这些文化艺术巨匠有着深厚的爱国情怀和强烈的民族责任感，他们将个人荣辱兴衰与国家、民族命运联系起来，用文化艺术去改变现实，实现理想。在新旧道德剧烈冲撞中，他们所表现出来的高风亮节是后来人的楷模。他们所传导出的强大正能量，会激励一代又一代广大读者，对促进我们整个民族新一代的教育与成长，有着非常重要的启迪意义。他们的精神是引领和鼓舞我们再出发的航标与风帆。

《百年巨匠》也给了我们很多的启示，可以帮助我们回答和破解"钱学森之问"。20世纪产生了那么多的大师，新世纪、新时期我们应该如何助推产生出新的大师？这些巨匠的成长轨迹给我们揭示了大师们成长的规律，如要深具家国情怀，要胸怀高远理想；要深深扎根于人民，与人民同呼吸共命运；既继承民族优秀传统文化，又要勇于创新；并以非常包容的心态去拥抱一切文明成果等。

《百年巨匠》仅反映了20世纪百年的文化形态和人文生态，我们应该把这个事业延续下去，面向21世纪。对艺术大师的发掘是通过他们的作品来体现的，而他们的作品既是中华文化的传承，又进一步丰富、创新了中华文化的构成。从这个意义上讲，宣传这些艺术巨匠就是弘扬中华文化。这些艺术巨匠作为中国名片，拥有较强的国际影响力，这一工程的推进，可以有效推动中华文化和中国出版走出去。不仅仅局限于艺术领域，还可以从广度上、外延上扩大至整个文化领域，甚至把科技、教育等领域的巨匠们也挖掘展示出来。

一个国家文化事业的繁荣与发展，既需要广大艺术家的努力，也需要大师巨匠的引领。宣传巨匠，推广大师，为时代树立标杆，无疑是我们责无旁贷的历史责任。巨匠之所以是巨匠，大师之所以能成为大师，是因为他们以具有强烈时代感和创新精神的作品站在了巅峰。而他们巨作的背后，是令人钦佩的工匠精神，这种工匠精神的发掘和弘扬在当下具有重要的现实意义。同时，这百年的文学艺术史已有的众多成果，从学术上也要系统总结。而长期以来一直困扰我们的一大难题，就是如何把这些重要的学术研究成果进行转化和再创造，使之成为可被大众接受、雅俗共赏的精品佳作。从这个意义上讲，《百年巨匠》丛书的出版也是非常值得赞许的。

当前，我们的文化艺术事业虽然取得了长足的进步，但是相对于时代的重任，人民的厚望，尚有作品趋势跟风、原创性匮乏、模仿严重等问题，希冀大家在《百年巨匠》作品中得到更多的启迪和感悟。

　　我们国家正处在重要的历史时期，为我们文艺创作提供了丰沃的土壤和广阔的空间。中华民族的伟大复兴，呼唤一切有为的文艺工作者，为繁荣中国特色社会主义文化、建设社会主义文化强国，奉献毕生的才华和创作热情，将高度的社会责任感和历史使命感化作文艺创作的巨大动力，创作出无愧于时代、无愧于祖国和人民的优秀文艺作品，让我们这个时代的文艺创作异彩纷呈，光耀世界。

引　言

1993 年 8 月，87 岁的赵朴初在上海黄浦江边掉落了一颗牙齿，他寻到一处合适的地方，将堕牙掩瘗起来。忽然之间，赵朴初想到自己多年前访问日本唐招提寺时，也掉落过一颗牙，住持请他将之埋藏在寺内鉴真和尚墓旁。回忆起当年的非凡因缘，眼望着黄浦江逝水滔滔，赵朴初心绪起伏，吟出一首《牙堕》诗：

> 昔年堕一牙，埋之盲圣墓。
>
> 曾因天平甍，两国腾欢舞。
>
> 悠悠千载情，蔼蔼东邻土。
>
> 今朝又堕一，将以盟黄浦。
>
> 五十五年前，于此送朋侣。
>
> 群英得长缨，大助军威武。
>
> 平生此两事，差可告父祖。
>
> 何必俟盖棺，叩齿功过数。

老年牙堕，成为赵朴初忆述旧事的契机：1962 年，他以纪念唐代渡海传道高僧鉴真的一系列活动，推动了中日邦交的恢复，为两国和平事业开启新篇章；1938 年，他在黄浦江边为新四军输送大批青壮军力增力助威。事隔 55 年之后，赵朴初再次来到这里，抚今追昔，感慨万分。

出身于四代翰林之家的赵朴初，自幼娴习诗书，所到之处、所历之事，多留迹于诗词，他每将之写成书法作品，或赠人，或自存。晚年的赵朴初偶尔回忆生平，自我评价也系于其间，像这首

《牙堕》便是一个很典型的例子。此外，他还在一首作于 90 岁时的述怀七律里，自道平生功业三事：

> 九十犹期日日新，读书万卷欲通神。
>
> 耳聋不畏迅雷震，言笑能教远客亲。
>
> 曾助新军旗鼓振，力摧谬论海天清。
>
> 千秋盲圣敦邦谊，往事差堪启后生。

"曾助新军旗鼓振"和"千秋盲圣敦邦谊"，《牙堕》中也已提及，而"力摧谬论海天清"一句，指的则是 1961 年出访印度参加纪念泰戈尔诞辰 100 周年大会。当时面对现场突然发难的主持者，赵朴初据理驳斥，最终赢得国际友人的认可和尊重。在赵朴初自己看来，这些经历最为值得回忆，不待"盖棺定论"，他已感到足可告慰先祖、启发后进。

《牙堕》和《九十述怀》诗中写出的这些事，都发生在赵朴初的青年和中年时期，事实上，赵朴初生命的最后二十年，也非常充实而有光辉，他为全国各大寺院的恢复、宗教政策的落实不遗余力，并且高瞻远瞩地提出要加强佛教自身建设，引导佛教走与社会主义相适应的道路，为佛教的发展创造了新局面和新机遇。赵朴初倾力于慈善救助、文化教育和中外友好交流活动，更将这些事业和佛教结合在一起，推动了佛教在当代的复兴、促进了善念在社会的增长，将中华优秀传统文化与中国人民爱好和平的思想传播到整个亚洲以及全世界，留下不朽的精神遗产。

赵朴初 93 年的人生漫长而丰富，与 20 世纪几乎同步，其生命轨迹，也与和他同时代的近百年间中国政治、宗教、文化领域中的重要人物多有重合。走近赵朴初，我们不仅能够谛视世纪风云变换的种种缩影，寻证近代以来思想文化的数度变迁，更可以明显地感受到一个完美结合了修身与济世的典范是如何化养而成的。

目　录

世太史第的荣光，始于赵朴初的太高祖状元公赵文楷，这位赵家的第一代翰林，给整个家族带来了深远的影响。

一九〇七年十一月五日，赵朴初降生在世太史第，他的谱名被取为「荣续」，长辈们寄望这个男孩将来能够承续赵家的荣名。

从安庆到太湖，赵朴初在「山前田畈，小桥曲岸」的「自家塘畔」健康成长。十四岁的他第一次走出大山来到上海，在关大姨和关表舅的照料培养下，迈进了东吴大学的校门。

降生天台里

1907年，赵朴初来到人间。这一年是光绪三十三年，农历丁未羊年。

此时的大清帝国已经日薄西山、风雨飘摇。就在赵朴初出生地安庆，当时发生了一起震动中国的重大事件：安徽巡抚恩铭遭徐锡麟刺杀。

徐锡麟虽击毙恩铭，但他和秋瑾领导的起义没有成功。即使如此，安庆一击已然"震动全局，立懦夫之志，而启义军之心"，革命党人一次又一次的起义接踵而至，清王朝的大厦正在加速坍塌。

赵畇诗集题名

就在安庆天台里，有一座大宅"世太史第"，朱漆大门之外是一大片空场，前设照壁屏护，西边有水井，大门两旁为抱鼓形石门墩，石柱门框前上方高悬横匾一块，大书"四代翰林"四字，因主家赵氏四代直系之中连出四位翰林，故有此匾。翰林旧称"太史"，"世太史第"因此得名。宅院一共七进，天井各植梧桐树，高大参天，东西两边还有旁院、厢房，后有花园，园中遍栽群树，池塘种荷，四时花讯不断，绿荫满园。虽然此时安庆城的局势已动荡不堪，人心惶惶，但这座占了两条街的堂皇府邸之中，仍然显得相当安宁，直到被一声婴儿的啼哭打破。

说起这座世太史第，它曾被称作"遂园"。同治三年（1864年），赵家第二代翰林赵畇面对宦海浮沉、人世离乱，充满倦意地离开官场，回到乡邑，在此购买杨氏旧第建成赵府，取名"遂园"，其意由杜甫《羌村》诗中"世乱遭飘荡，生还偶然遂"得来，赵畇从此自号"遂翁"。辞官退隐、专心讲学乡里的赵畇很享受在遂园的美好时光，他"优游林下者十六年，闭户罕通外事，惟以读书临池自遣"，遂翁遂意，尤感欣慰。

古代文人士大夫大多向往陶渊明式的田园生活，赵畇也是如此，他在讲学之外的时间，几乎全用在布置庭园、莳花种草上。楼阁池榭既成，满心欢喜的赵畇身在其间，欢喜适意，写下一组《遂园杂咏》寄怀，诗前小记云：

人生涸迹风尘，职司所在，国计民生，身家性命系焉，不能避劳苦，耽闲放，势也，亦理也。然终日扰攘，总必有息机静坐之一刻，以养天和。当静坐时，能令此心澄然如止水尚已，次则胸中构一清静境界，竹篱茅舍，净几明窗，山静日长，鸟啼花落，尘事少暇，即心入其中。一竹一石、一树一花、一禽一鱼、一图一史，凡所应有，随事位置妥帖，或二三知己，徜徉其间，或独自嬉娱，逍遥半晌，满腔热恼，自然冰释雪消。以此养生，

赵继元会试卷

不烦不费，视衮衮名利场终年无醒时，自谓胜之。

《遂园杂咏》一共六十四章，赵畇为园中的每一处建筑和事物都取了别致的名字，如半觉龛、盎春窝、静观梁、坐啸台、话雨窗等，一一题咏，又优雅地写出园中各类花木和灌花、扫地、作字、剪苕、读书、负暄、卧游、听鸟诸事，真可谓触目皆景，物我同春。这般恬静的世外桃源，正是这位历经磨难、漂泊大半生的翰林理想的终老栖息之所和心灵的归宿之地，不论外面的世界如何扰攘，这里始终像个封闭自得的小天地。

赵畇是名副其实的饱学之士，晚年执教省学，培养了不少人才，对于自己的子女，他也悉心教导，未敢有半点疏失。在《遂园诗钞》里，收录了他的一首《题青灯课儿图》诗：

> 一星灯火数椽庐，为课双雏读父书。傅教不辞奇字酒，诵声长答纺丝车。芸编压架探无尽，蔬食加餐乐有余。细剔短檠谈世业，愿儿孝德继权舆。

赵畇出世时，父亲赵文楷已经病逝，《青灯课儿图》所画，就是他和哥哥赵畯在母亲的陪伴和教育下读书习字的景象。聪颖刻苦的赵畯28岁中举，34岁中进士，多赖慈母调教。而当他成家生子之后，也在培养后代的事上花费大量心血，其长子赵继元和长孙赵曾重，均为进士出身，赵家的文脉书香得以赓续四世。赵

赵继元书法团扇

昀还生有两个女儿，次女赵继莲嫁李鸿章为妇，先后被封为一品夫人、一品伯夫人、晋一品侯夫人。

遂园建成的这一年，赵继元已有举人功名，五年后中进士时，长子赵曾重中举，又五年，次子赵曾裕亦中举。赵家人不但性聪慧、善读书，更为难得的是个个宅心仁厚：赵昀在广东做官时，用自己的俸银为乡人建造义庄；赵畯之子赵继佺曾在太湖捐金数百倡建育婴仓，收留救济孤贫；光绪八年（1882 年）太湖县洪灾，赵曾裕设法筹集大批银两用于赈灾，救下不少灾民的性命。这些事不但见载方志和笔记，更长久传扬于当地乡民之口。

赵曾裕的次子赵恩彤（字炜如）也是一个读书种子，科举废后，他考入安徽高等学堂，以优异成绩毕业。虽被任命为湖北省候补知县，但向无宦情的赵恩彤并未踏足官场，而是一直在家，课徒为业，生活状态与晚年的赵昀很是相近。

1907 年 11 月 5 日，赵恩彤的妻子陈慧（字仲瑄）诞下一个男婴。听着新生小儿响亮的啼声，赵恩彤感觉生命进入了新阶段，打开了新世界，他借意"混沌初开"，给儿子取乳名"小开"，又名晋，并拈"返朴归真，悟初笃静"中的"朴""初"，作为小开之字，后改作学名。长辈们寄望这个新生命能承续赵家的荣名，于是为之取谱名"荣续"。

赵朴初，就这样降临在了四代翰林之家。

状元公的状元府

百年巨匠
Century
Masters
赵朴初
Zhao
Puchu

世太史第的荣光，始于赵朴初的太高祖状元公赵文楷，他也是赵家第一代翰林，给整个家族带来了深远的影响。

乾隆二十五年（1760年），赵文楷出生于太湖县宝坪村，幼承家学，6岁即能作诗。祖父赵象贤曾指窗外百舌鸟命文楷吟咏，文楷口占五绝一首："桃花红未了，百鸟闹春晓。能做百般声，枝头压众鸟。"这首小诗虽无佳句警语，但气象不凡，赵象贤听闻，又惊又喜，赞道："吾儿当魁天下！"没想到真被祖父说中。

赵文楷13岁那年就考中秀才，在太湖县已经颇有名气，但随着父亲和祖父相继谢世，家道中落，困顿偃蹇，母亲不得已为人作佣补贴家用，赵文楷也只能在农活之余读书，他在作于当时的一首诗中叹道："纷吾守贫贱，对此欣裹腹。嗟哉良艰辛，何日沾微禄。"贫家子弟的困窘及其对功名的渴望，可见一斑。

赵文楷实在太过清贫，因此分出很大一部分精力和时间来解决现实生活问题，这导致他乡试、会试数次不中。1796年，新皇帝嘉庆继位，特开恩科，赵文楷第四次来到京城应考，他决心再试一次。科举，也是他改变人生的唯一途径。

会试结果虽非十分理想，但让赵文楷顺利进入殿试，他洋洋洒洒写完策问试卷，回到住处静候宣榜。恐怕连赵文楷自己也没想到的是，他竟被钦点为第一甲第一名。嘉庆皇帝亲自召见状元，龙颜大悦，赐题御制诗一首，其中"文楷嘉名期雅正，为霖渴望副求贤"两句,将赵文楷之名嵌入,亦极见天子求贤若渴的心情。当时朝廷的政治形势特殊而复杂,乾隆虽已退位称太上皇,但仍有强大的影响力和决策权,嘉庆初登大宝,很多事情尚不能完全自主,甚至受制于和珅等前朝权臣。因此,嘉庆对登基后第一次开科取士寄予厚望,希望能遴选出才华绝世同时与旧官场毫无半点瓜葛的俊彦,

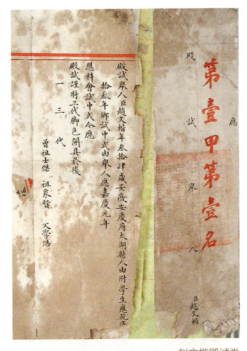

赵文楷殿试卷

栽培为亲近自己的政治力量——赵文楷就是最终选中的理想人选。

赵文楷高中状元后,步入官场,在担任翰林院修撰等职之后,又接受了嘉庆交给他的一项重任:出使琉球中山国。琉球是中国的属国,位于中国大陆东方、日本九州岛西南方的大海中,自明洪武十六年(1383年)起,其历代国王都向中国皇帝请求册封。乾隆五十九年(1794年),琉球中山王尚穆薨,世孙尚温服丧期满后,遣使渡海,请求册封新王。嘉庆反复斟酌使者人选,最终决定由赵文楷为正使,率领400人的使团前往行册封大礼。临行前,嘉庆亲自设宴送行,赵文楷意识到此行对他而言,是生命中意义最为非凡的一次远行,他在辞别京中诸友的诗中写道:"直教薄海沾皇泽,敢谓乘风惬壮游。"决意不辱使命以报皇恩的赵文楷,在嘉庆五年(1800年)由福州出海。

经过十多天的航行，赵文楷一行终于抵达中山国境，尚温率百官在那霸港迎接天使的到来。七月二十四日，赵文楷宣读了皇帝的册封诏书，颁赐朝廷所赐冠带，并向王室成员赠送了礼品。中山国举国欢腾，为表谢意，中山王向赵文楷个人回赠大量厚礼，但均被婉拒。在赵文楷的坚持下，中山国取消了七次宴请，且降低了宴会的规格，减少了大量开支。随团的武官陈瑞芳不幸病故，赵文楷以琉球不产杉木，避免给当地带来麻烦，遂下令以船桅改制棺木，将陈瑞芳安葬。

赵文楷深知自己身份的重要，言行均代表着"天朝上国"的形象，因此对自己和部属约束极严，不敢有半分懈怠。在中山国的半年里，使团给国王、官员和民众留下了良好的印象，赵文楷也在参访、游历

赵文楷书赠中山王诗碑刻拓本

赵文楷书赵氏家训

的过程中了解到当地的风土人情，并留下许多诗篇和墨迹。中山国人感念赵文楷的德行，特地为他建造了一座生祠，这在中山国历史上向所未有，足见赵文楷在当地的影响和官民对他的敬仰爱戴。

赵文楷朝服像

嘉庆收到尚温的呈表，知道赵文楷圆满完成出使任务，宣示了天威，十分赞赏，有心让他肩负更多的担子。然而往返两次远航，经过海上的惊涛骇浪和归程时遭遇的海盗侵扰，赵文楷回大陆后时感心悸，又兼归来即闻慈母已于数月前故去，身心更遭重创，从此神不能宁，守孝三年期间虽加调养，仍难平复。嘉庆九年（1804 年），赵文楷奉命任山西雁平兵备道，协理总兵军务，他到任后兢兢业业、尽职尽责，健康却也进一步受损，终于在四年后卒于任上，年仅 48 岁。赵文楷一生清廉，殁后家徒四壁，竟然连运送灵柩回乡安葬的钱家人都无法凑出，后来还是他的同僚和属下捐资给其妾王氏，燃眉之急才得解决。王氏身怀赵畇、怀抱赵畯、手牵赵惠贞，艰难地扶灵返回太湖老家，将赵文楷葬于望天乡华光村。

回到太湖的王氏为谋生和教养子女，卖掉妆奁后买下寺前河和高家坦的一些田地，后又得赵文楷在京友人襄助，于县城科甲第购屋十余间，安居其中。道光二十九年（1849 年）夏，赵宅被大水所淹，王氏与子女商议迁往寺前河，在河前的虎形山洪诸畈选址建房，长子赵畯承担设计和施工。不久后，一座砖木结构的四进新宅竣工，已迈入古稀之年的王老夫人带着全家人乔迁，宴请亲朋故旧，当地人因尊仰怀念状元公赵文楷，皆称此宅为"状元府"。

自家塘畔

百年巨匠
赵朴初
Century
Masters
Zhao
Puchu

状元府作为赵家的老宅，带有一种"大后方"的性质。

1911 年，深刻改变近代中国命运的辛亥革命爆发，举国震荡，安庆城里的局势愈不明朗。10 月的某个深夜，几声枪响，嘈杂声起，深居天台里世太史第的赵家人跟着惶恐不安起来。

屋外的世界正在改天换地，赵家不少族人还做着清廷的官吏，因恐新军危及赵府老小，世太史第里的赵家人开始商议暂避一段时间，赵恩彤决定举家迁回太湖状元府，陈仲瑄虽然赞同，但看着朴初和他的两个姐姐鸣初和默初，想到对他们而言即将开始一段艰苦的远行，不禁心疼。

赵家人丁兴旺，各房分进居住，恩彤和家人住第四进，他在这里完婚，也这里迎来儿女的诞生。朴初出生后，由母亲和保姆阿姨带大，阿姨对朴初也是疼爱有加，一次她带朴初学走路，朴初跌了一跤，阿姨赶紧把他扶起来，为了哄他，拉着他的手轻轻地往地上拍，一边说道："地不好，给宝宝跌跤了！"

朴初长到三四岁，陈仲瑄常带着他出门到附近的地方玩，他们到过清节堂、枞阳门，也到过大观亭、迎江寺，在亭上和寺前，可以看到东流远逝的长江。风和日丽的日子，波澄影静，万里江天，还能眺望对岸起伏的群山。赵昀曾写过一首《月下登大观亭》，记录了一个清夜他在月下江前所见到的场景："月明高唱大江东，又俯危亭揽众峰。万里烟云动星斗，一江

迎江寺与振风塔旧影

灯火上鱼龙。天风到树和檐铎，山气留寒湿梵钟。有客停舟翘首望，蓬莱楼阁郁重重。"前人将安庆城称作江上小蓬莱，而这小蓬莱的逸气，全被赵畇此诗状摹出来。

赵畇诗中的"檐铎"和"梵钟"，用听觉将视线引向振风塔和迎江寺。始建于明穆宗隆庆二年（1568 年）的振风塔，就像一个高矗的桅杆，在万里长江之上十分显眼，兼有导航引渡的功能，塔名寓意"以振文风"。陈仲瑄信佛，有时也会带朴初到迎江寺拜佛登塔，这里的庄严妙相、梵呗钟鼓，在朴初的心目中留下了印记。

短短四年不到的时间，朴初还没完全认识这座城市，就要开始一段不短的旅程，也正是因为这次从省城到乡间的举家迁徙，小开的小世界从此打开了。一家人越过县城后，向北继续前进，在那层峦叠嶂的山脉里，一座山中奔泄出长河，向前延伸，漫漫无际，流到一处名叫塔镇的地方，长河流速放缓，开始一分为二，那条支流漫衍之处，正是寺前河。这个"寺"，即六祖所建蔗院寺，寺前的水土，便天然地被称为寺前河与寺前镇了。推开位于寺前河畔紧邻寺前街的状元府大门，一家人放下行囊，开始打扫落满尘埃的家具和枯叶堆积的庭院，朴初充满好奇，他走出门，站在自家门口的塘堤上，细细地打量着眼前的这番美景。多年以后，他在母亲写的《冰玉影传奇》里找回了当时的印象："山前田畈，小桥曲岸，已是自家塘畔，门掩重关，摇尾猧儿不肯喧。"

寺前镇的百姓像是《桃花源记》里的人，"不知有汉，无论魏晋"，赵恩彤喜欢这样的平静生活，他收拾停当之后，开始开馆授课，教习诗文书法。赵文楷给后人留下"静以修身，俭以养德；交不忘旧，言不崇华"的家训，他的后代也都秉持训示，严格律己，宽厚待人，寺前镇人知道赵恩彤是状元公之后，不仅饱读诗书，而且人品纯正，纷纷遣送子弟前来拜师学习。

始习诗书

百年巨匠
Century
Masters
赵朴初
Zhao
Puchu

生长在书香门第的赵朴初，从小就处在良好的文化氛围之中，赵家不光一门出了四代翰林，女主人也多有文采，像赵继元之妻王梦兰还刻印过自己的诗词集《三十六鸳鸯吟舫存稿》，其女婿、曾任云贵总督的李经羲在卷前序言称："（赵太夫人）幼娴姆教，女红余闲，兼通韵事，每一篇成，婉转附物，恍怅切情，辄清曲可味，堂上甚钟爱之，尝曰'此真吾家不栉进士也。'"

陈仲瑄是嘉庆二十五年（1820年）探花、名臣陈銮的曾孙女，幼承庭训，文笔出众，不仅诗词俱佳，还擅作剧本，中年时写有自传体剧作《冰玉影传奇》，讲述了原居鄂中、后遭离乱、复又重逢的一对好姐妹"玉"和"冰"之间的情谊，其中有诗云："别后情何似，凄凄风雨中。性灵能聚结，色相任西东。野渡人声寂，邯郸客梦重。关心清夜月，并照泪痕同。"诗风清隽而不失沉厚，良非俗笔。

赵继元之妻王梦兰诗集题名

陈仲瑄的《冰玉影传奇》被女儿赵鸣初抄录珍藏，得以留传下来。1996年，已是90高龄的赵朴初为纪念母亲，将此书印出，分赠亲友，他满怀深情地写了一篇《引言》附于书前：

> 一九九〇年，余回故乡安徽太湖县寺前河（今名寺前镇），以先母之别号拜石之名义捐献奖学金人民币两万元。此后每年继有捐献，至今已达十万元。盖欲用以培植掌握科技振兴家乡之人才，以报答先母爱念乡人子弟之遗意。先母姓陈名慧，字仲瑄，湖北武汉人，曾祖陈銮，清殿试探花及第，任两江总督，父陈石臣，仕于皖，因与吾家联姻。一九一一年，先父炜如公与先母携子女由安庆迁回太湖老宅。一九四七年，蒋介石发动内战，先父母因避兵祸，始欲离乡返安庆，临别，先母有诗云："寄住湖山四十年，一邱一壑总留连。"于太湖之山川人物，情意至深。先母辞世将五十年，余年已九十，常有子欲养而亲不待之感，爰以吾姊鸣初录藏先母中年时戏作剧本名《冰玉影传奇》者，印若干册，分赠亲友，以为纪念。书中人皆化名，沈洁者，先母自谓，传奇中简称"玉"；谢清者，先母之义姊关素，字静之，余兄弟称之为大姨者，传奇中简称"冰"。主要内容乃叙述二人之友情及晚年同隐西湖之愿望。今之观者，或可窥见当时社会状态之一二。余少小离家，又屡遭丧乱，先人遗墨几无一存。惟于吾母致关大姨书札中，偶忆其诗词零句，如："怎得化为明月，照他江北江南？"余少依关大姨如母，姨亦能诗，传奇中酬咏一折，所载冰寄玉惜别诗，乃姨之亲作也。又有"西风吹老一天秋"之句，皆一般士人所难及。曩昔妇女无受教育之权利，其文艺皆自学得之，假令生于今日，其造诣可胜言哉？

母亲的品质和修养对子女的影响是巨大的，赵朴初后来在一首

百年巨匠
Century
Masters
赵朴初
Zhao
Puchu

陈仲瑄（右）与赵鸣初（中坐者怀抱之婴儿）等合影

题《篝火课读图》的诗中回忆于母亲膝下学习的往事，表达了对母亲养育之恩的感激及对她的深切怀念："可贵处，不在画。先看题，后读跋。啥缘由，许多名吏名儒都给它作了高评价？自古来，寸草春晖，永远有说不尽的恩情话。问何处是天堂，它就在母亲膝下。"

1912 年，朴初也到了读书的年纪。虽然赵恩彤一直在开馆收徒，但为了严格约束和管教，给自己的孩子正式授课还需另请名师 —— 也即所谓的"易子而教"。赵恩彤多方打听，最后决定聘请人品学问俱佳的蔡少珊来做先生。

蔡少珊早年在省城求学，熟谙经史，淡泊名利，返乡后以教书为业。朴初基础扎实，学业优秀，与同学们相处融洽，还十分仗义，蔡少珊对他一贯青眼有加。在父母和老师的教养下，朴初不足七岁就已读完《诗经》《论语》，还能写诗作赋。

安居于寺前之后，赵恩彤常有吟咏山水和乡间风貌的佳作，平日与蔡少珊唱和尤多，他们之间的诗文互动，对于朴初而言，也是一种潜默的熏陶。赵恩彤写过一首《沁园春》词："读罢楞严，付万古愁，无何有乡！似重重庭树，珠帘画栋，森森壁垒，蔓草斜阳。胜凯还都，狂飚振漠，新鬼纵横古战场。烽火远，更东连吴会，北指辽疆。　依然花月文章，有谁管，芳邻话短长。剩狗尾羊头，几番淘汰。铜山金谷，一梦荒唐。跳出婆娑，邀来摩诘，泼墨人呼赵子昂。何须问，这隙中人物，眼底沧桑。"感慨遥深，颇有韵味，其境在出世和入世之间。

蔡少珊家旁有一座佛图古寺，其地风光旖旎，名僧佛图澄曾在那里修行传道，寺因此得名。一年重阳节，赵恩彤带着朴初打算前往登临，欲览心仪已久的胜景。当翻越过青翠的竹林，一条小路的尽头仁立着一座石门，上有明代太湖知县李盛英亲笔题写的"天就门"三字篆书，朴初未识篆书，向父亲请教，赵恩彤为他讲解了篆书的特点和用笔之法。父子俩边走边说，很快就到了佛图寺，但此际既无一僧，也无佛堂，战火兵乱已将古寺摧残得唯余遗址，父子默然无语。相比赵恩彤，蔡少珊似乎对这沧桑变迁已然不萦于怀，触目无惊，他在《佛图溪山答友人》诗中写道："余爱溪山好，逢山便可家。闲云栖古鹤，流水下平沙。万物原殊趣，吾生各有涯。与君俱自慰，随分度年华。"赵恩彤一读之下，连称先生境界高、修养好。

陈仲瑄也时常出入寺院，是虔诚的佛教徒，她曾把闲置于太湖县城的老房子做过一番简单的修葺，改成的家庙名曰"德修静室"，内设佛殿，供奉佛像，平日由姜氏打理。姜氏是赵畯之孙赵曾健的未婚妻，还没过门，赵曾健就突然去世了。陈仲瑄同情姜氏，给她不少关照和开导。后来姜氏和陈仲瑄一样，也皈依了佛门，法号昌修。陈仲瑄有时会带上朴初，从寺前河去往太湖县城的家庙，探望孤苦无依的姜氏。一路上，母亲给儿子讲述了许多佛教传说，年幼的朴初渐渐与佛结缘，也记下了那些生动奇异的故事。

少年诗境梦初还

百年巨匠
Century
Masters
赵朴初
Zhao
Puchu

1916 年春天，陈仲瑄来到上海，去见她义姐关静之。这位义姐，就是《冰玉影传奇》里的"冰"——谢清的人物原型，其父为当世名儒"汉阳先生"关棠。

关静之自幼受家庭熏染教化，勤习诗书，颇有才情，关棠曾为关静之定下一桩娃娃亲，对象宋康丰即是陈仲瑄的表哥。可惜宋家公子年未弱冠便早逝，关静之决定不复改嫁，愿常伴父母身旁，终生侍奉二老。此事传到陈仲瑄母亲的耳朵里，她大为动容，嘱咐陈仲瑄今后多加照顾关静之。陈、关二人接触不久便走得很近，以姐妹相称，两人间的情缘更胜亲姐妹。

关棠谢世时，关静之的弟弟关絅之才 16 岁，多病的母亲因为过度悲痛忧惧，心力交瘁，一年后也撒手人寰。关静之饱尝艰辛，将弟弟培养成才，关絅之二十出头便考中举人，之后得到前辈贤达的援助，创办了"湖北民办普通中学"和"速成学堂"，深受张之洞赞许。1903 年，因英文水平出众，关絅之获得上海道台

关静之（中）与弟媳、侄女合影

关絅之书迹

袁树勋的垂青，先后受聘就任其洋务翻译及公共租界会审公廨谳员等职。此后，关静之跟随弟弟长期居住在上海，扶持其事业的发展，同时帮助弟弟打理家中事务。

陈仲瑄和关静之见面后，彻夜交心，不知疲倦。关静之希望陈仲瑄能把儿子带来，在大都市里生活学习，增加历练的机会。陈仲瑄一时犹豫不决，难下决定。不过，最终她还是同意了，表示等小开再长大些，便把他送来。

两人别后，三年一晃而过。陈仲瑄再到上海探望关静之，在这位关大姨的一再邀请和坚持下，翌年，14岁的赵朴初第一次离开了老家安徽，来到十里洋场大上海，开始了人生的千里之行。陈仲瑄希望儿子在上海学有所成，叮嘱他须对关大姨和关表舅谦恭孝敬。朴初铭记母亲嘱咐，温言相慰，陈仲瑄含泪而笑，频频点头。

初到上海这个陌生的世界，赵朴初满眼都是新奇的事物，在关静之的爱护关照之下，他渐渐适应，与关大姨、关表舅一家慢慢建立起

百年巨匠
Century
Masters
赵朴初
Zhao
Puchu

深厚的感情。关絅之也对赵朴初寄予厚望，还把他送到友人陆伯璋家中住读，重点补习英语。赵朴初知道关表舅的苦心，每天训练英文，又得名师点拨，水平提升很快。赵朴初好静，课余时间很少外出，最常做的事就是练字，他认真揣摩和临习从老家带来的王羲之、柳公权、苏轼字帖，短短的时间内，书法也取得了长足进步。

在关家的悉心照料和培养下，赵朴初茁壮成长。1922年，赵朴初插班考入东吴大学附中预备班，关大姨和关表舅亲自送他到苏州；次年，赵朴初以全优的佳绩进入东吴大学附中高中部学习；又过了三年，赵朴初迈进东吴大学大学部的门槛，这时候的他还不满20岁。

东吴大学是一所著名的教会学校，赵朴初在这里接受高等教育，也收获了很多良师益友，比如班主任兼国文教师薛灌英，他是晚清贡生，东吴大学建校之初即在此工作，执教已二十载。薛灌英一早就发现赵朴初不仅学习成绩优异，写得一手好字和好文章，还颇有管理才能，于是特意激发赵朴初的热情，让他在各种场合崭露头角，赵朴初确实不负厚望，赢得师友们的支持和肯定。

学生时代的赵朴初

著名作家苏雪林和她在北京女子师范大学求学时的老师陈钟凡，此时也都在东吴大学。陈钟凡想辞去东吴教职回南京金陵女子大学，请苏雪林代其任教，苏雪林答应了，由此成为赵朴初所在班级的诗词课程教师。其实赵朴初还在高中部读书时，就已认识了苏雪林，那是在安徽同乡会成立大会上，薛灌英特别向苏雪林介绍了赵朴初，两人都给对方留下深刻印象。苏

东吴大学安徽同学会合影，前右一为赵朴初，女教师为苏雪林

雪林当时发表感言，觉得同乡会的成立虽然可喜，然而回顾家乡安徽教育的凋敝黑暗又觉可悲，她呼吁大家"扫除旧势力"，称"将来的成功与否，要看我们今日的工作如何"。赵朴初大受激励，后来他积极投身社会活动，与在东吴大学的这些见闻和经历不无关系。

来自休宁的孙起孟在高中和大学都与赵朴初同班，两人很是要好。1925 年"五卅运动"爆发，赵朴初和孙起孟一起参与领导了苏州学生的支持活动，他们带领东吴大学的学生节衣缩食，筹集募捐款额达一千多元，全部用以援助上海罢工的工商业者和罢课的学生。

赵朴初身体不甚健硕，脾胃虚弱，一食荤油就很难受，又受母亲、关大姨的影响，平常多茹素。孙起孟想学赵朴初戒荤腥，但坚持没两周就放弃了，赵朴初劝慰他，各人体质不同，不必强求。对于孙起孟跟着赵朴初一起吃素食，班上另一位同学张梦白感到好奇，

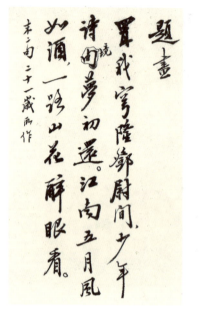

书"少年诗境"

他问赵朴初为什么不吃荤，是不是因为信佛的缘故。两人从饮食谈到信仰，讨论的内容越来越多，互相之间也越来越了解，原来张梦白虽是常州籍，但出生在安庆，和赵朴初也算同乡。

当新学期开学的时候，作为班长的赵朴初始终没有出现。后来大家才知道，赵朴初因为健康原因，遵医嘱需休养一段时日。赵朴初无奈中途辍学，可能也未曾料到，这一别就是五十余年。

1978年，留校任教并任历史系副主任的张梦白陪赵朴初回母校考察，老同学重在故地相聚，想起种种校园往事，情到深处，赵朴初不禁吟唱："昔时黉舍，昔时操场，指点话前尘。相逢白首，昔时同学，恍若对晨星。城郭已非溪流在，流不尽童心。五十余年飞鸿过，偶回翼，认泥痕。"

1991年，东吴大学建校九十周年，张梦白给赵朴初寄去信函，邀请他题写纪念刊名。赵朴初见信如见家书，写好刊名，又挥笔书成一首《西江月》词：

　　九十良辰初度，黉宫光耀胥东。春华秋实庆丰功，多少人中鸾凤。　　昔日弦歌在耳，远方情意罗胸。来书三读助心雄，遥共风云飞动。

离开母校之后，学子赵朴初走向更加广阔、风云飞动的社会，他立言、立功、立德，终不愧"人中鸾凤"的美誉。

第二章 ─ 志士佛缘

因病离开校园的赵朴初，受表舅影响成为一名佛教徒，在上海佛教会和中国佛教会任职，渐渐对佛教和中国社会有了越来越深入的认识。

抗战期间，赵朴初亲身参与抗日救亡运动和爱国民主运动，收容难民、教养孤儿，遴选了大批有志青壮年，安排他们转移到皖南新四军的军部，为抗日增威助力。

觉园之光

1926 年，赵朴初因为染上肺结核，无奈之下离开校园，回到关大姨和关表舅的身边。此时的关絅之已是皈依净土多年的居士，他自号"别樵"，与沈心师等共同发起成立上海佛教居士林，居士林之后发展成为世界佛教居士林和上海佛教净业社，关絅之亲任净业社社长。

就在赵朴初回到上海的这一年，净业社董事、南洋兄弟烟草公司主人简玉阶兄弟捐出位于上海赫德路 53 号（今上海常德路 418 号）的私家花园"觉园"，将其改造为佛教场所，内设上海佛学书局。关絅之辞去公职后，举家迁入觉园，专门从事佛教工作。关静之和赵朴初住在佛殿南侧两层小楼的二楼，这里清净优雅，正适合赵朴初调养身体，他的命运也由此转折。

觉园是上海佛教界人士活动的重要场所，医学会副会长丁福宝就常常来此。在觉园结识赵朴初后，丁福宝为他诊断病情，开出几副药，赵朴初服后大有好转。调理身体之外，赵朴初在觉园阅读了大量佛教经书和典籍，佛学的精义与他温润的性情相契，他又有一些基础，因此研修起来并不觉得枯燥艰难。

身体逐步痊愈，赵朴初开始主动帮助关表舅整理文案、处理社务，也参与了不少重要的佛事活动，渐渐成为一名佛教徒。在帮助关絅之、施省之、黄涵之、王一亭等发起组织护持河南佛教、反对冯玉祥侵占相国寺田产的过程中，赵朴初承担了不少工作，而且完成得相当出色，得到前辈们的赞许，不久后，他被聘为上海佛教会秘书，同时为会址设在觉园的中国佛教会担任文书。

1931 年 4 月，太虚大师主持中国佛教会后，总办事处迁至南京毗卢寺，赵朴初开始时常往返于宁沪之间处理各项事务，其间常得亲近大德，学问精进良多。

青年赵朴初

关絅之的佛教事业是和慈善事业紧密联系在一起的，1933 年，痛念世道混乱、民不聊生的他在大场宝莲寺创建了上海佛教慈幼社，专门救助孤儿，保障他们的生活和教育。关氏举家投入，关絅之亲任慈幼社社长，赵朴初则为副社长，关静之担任义务教育员，他们一家人不但精心照料收养的数十名孤儿，还常常奔走四方、寻访孤苦。因病辍学的赵朴初就这样跟随着关表舅，在"佛教大学"里成长起来，对佛教和中国社会有了越来越深入的了解和认知。

著名诗人、学者陈曾寿是关絅之的伯乐，和陈仲瑄也有亲戚关系。军阀混战之际，陈

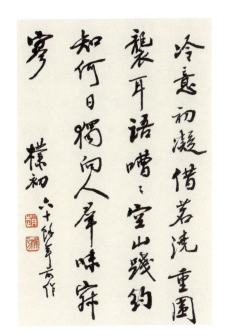

书 1932 年自作诗《宁沪列车中作》

百年巨匠
Century
Masters
赵朴初
Zhao
Puchu

少女时代的陈邦织

曾寿兄弟携家眷迁往上海，和关家往来更多，赵朴初一直很仰慕陈曾寿的诗才，由于关表舅的引荐，常往陈府请益，也因此结识了陈曾寿的侄女陈邦织。

湖北浠水陈氏久称名门，陈曾寿曾祖陈沆是嘉庆二十四年（1819年）状元，祖父陈廷经亦为翰林院编修，官至监察御史，以清廉刚正闻名。陈曾寿本人为光绪年间进士，是末代皇帝溥仪之妻婉容的老师，文名显赫，海内仰望，其二弟陈曾则为清史馆纂修，又曾师从武术名家孙禄堂等习太极拳，居沪后创立致柔拳社。赵朴初为调理身体，也跟着陈曾则学拳健身，他所住的觉园离陈家本来很近，暇时前往学拳，并不耽搁日常公务，而就读于上海光华大学的陈邦织，正和妹妹同住在伯父陈曾则家中。与赵朴初相识后，陈邦织以兄称之，两人话语相投，渐渐熟络，但当时谁也没想到，多年之后的他们竟成为一对相扶到老的佳偶。

活菩萨·赵朴老

1931 年"九一八"事变后，民族危机空前严重，赵朴初接触了不少进步人士和进步思想，对抗日救亡运动至为关心。1935 年救国会"七君子"被捕时，吴大琨从章乃器家跑出来，在赵朴初的屋子里躲了七八个月，两人每天谈论时局，忧心忡忡。次年，吴、赵两人发起成立了中国佛教护国和平会，"护国"是佛教语，旨在抗日图存，"和平"则表明反对内战的立场。

1937 年，上海市长吴铁城召集慈善界和佛教界的领袖开会，组织成立了上海市慈善团体联合救灾会。官方和民间合办慈善团体，这在抗战以来是第一次。担任慈联会主席的是许世英，副主席有屈映光、黄涵之、闻兰亭、潘公展等，黄涵之负责日常事务，主要是作为抗战的后援力量，办募捐、赈济、施送医药等。黄涵之对赵朴初很了解，也很信任他，就请他做助手和慈联会的常务委员，在仁济堂驻会办公。

卢沟桥事变爆发后，局势日趋紧张，上海的天空被滚滚硝烟

赵朴初签赠姐姐赵鸣初照片，摄于1938年

種々惡逆境界看作真實受益之處

不為自己求安樂但願眾生得離苦

拟弘一大师体书法

赵朴初与圆瑛法师、明旸法师

遮蔽，社会陷入极度危急的状况，街上到处都是难民的身影。8 月 14 日下午，赵朴初因事离开办公室，"大世界"突然落下一颗炸弹，巨震之后，哭喊声一片，仁济堂也乱成一团，政府中负责联系管理慈联会的上海社会局干部潘公展等人早已仓皇逃命。一时间难民拥挤在街头，人数与日俱增。赵朴初受圆瑛法师的感召和教导，亦效仿弘一大师"念佛不忘救国，救国不忘念佛"的实践，发愿救国救民。经过赵朴初、吴大琨等人不畏生死开辟的救亡之路，无数难民终被顺利安置在宁波同乡会以及金城大剧院等处。

赵朴初将当前的状况和困境向慈联会的领导做了汇报，慈联会立即决定分设"战区难民委员会"，以屈映光为主任，赵朴初任下设的收容股主任，负责处理联络和分配款项等日常工作。赵朴初每天接纳大量难民，既解决他们的温饱，又温言安抚他们的心灵，鼓舞大家重振精神。数月间，赵朴初亲自指挥慈联会所辖的五十余个难民收容所，先后收容难民五十多万人次，极大地缓解了社会危机，也赢得了人们的敬重，一些难民感动地直呼他为"活菩萨"。

赵朴初是虔诚的佛教徒，他对求助的难民一向平等视之，从来不过问他们的社会身份和政治身份。对于中国共产党而言，非常时期的难民收容所是宣传抗日救亡思想的重要场地，地下党员频繁出入其间。此时的赵朴初对国民党的腐败无能深感失望，更对其"消极抗日、积极反共"的政策大为不满，他通过读报和观察发现，共产党是抗日的重要力量，共产党人的追求绝非国民党可比。但赵朴初并不知道哪些人是共产党员，只是猜测某人可能与共产党有关系，如许幸之的侄子许晴很受赵朴初的器重，直到后来他在战场牺牲，赵朴初才获悉其党员身份。

1937年底，淞沪地区彻底沦陷，上海成为一座名副其实的"孤岛"，国民党军队溃败撤离，民众愈加惶惧、四处逃难，而深受赵朴初等人庇护和教育影响的难民群众，在此时成为参与抗日救亡活动的重要力量。

为进一步团结力量，筹划和领导抗日救亡运动，赵朴初与胡愈之、许广平、陈巳生、吴耀宗、雷洁琼、吴大琨等人在1938年2月创建了进步团体"益友社"，关絅之、

赵朴初在上海救助孤贫

百年巨匠
赵朴初
Century
Masters
Zhao
Puchu

赵朴初成为"赵朴老"

闻兰亭、袁履登等前辈也受邀预事。益友社广泛团结社会各界中上层人士，社内设名誉理事、理事和监事，担任这些职务的有大学教授、知名学者、上海各行业同业公会的负责人等，他们推选赵朴初为常务理事和监事主席。

益友社作为在政府注册的合法团体，用群众喜闻乐见的组织形式开展革命活动，社员创办了许多业余学校、图书馆、诊疗所和福利、文体组织，还经常举办时事形势报告会和学术讲座，这些活动面向社会，不仅吸引了大量的群众，帮助他们提高了政治素质和业务素质，而且鼓动他们积极参加抗日救亡运动和爱国民主运动。

益友社的资金来源主要是社会捐赠，1938 年 6 月 25 日，赵朴初在《益友》上发表文章介绍了这个"上海商界一股自好青年所组成的团体"，同时呼吁热心人士予以经济上的援助，第二次活动时，社员即从几十人激增至五百余人。次年再次扩大征求社友运动，社员竟达两千余人。作为各界同仁共商大事的会所，益友社越发壮大，而每有新成员加入，赵朴初都会例行介绍社内元老，谦逊恭谨的赵朴初从不直呼其名，而是将其人姓名中的最后一字换为"老"，以示尊重："关絅老""闻兰老"等一个个人名被叫响。一次聚会中，闻兰亭指着赵朴初笑对众人说道："这是赵朴老！"顿时引来益友社新老社员的一片欢笑和掌声。就这样，"赵朴老"之名也被叫开了，此时的他其实刚过而立之年。

送战友

难民教育是赵朴初特别关心且亲自推动的工作,著名教育家陈鹤琴时任租界工部局华人教育处长,他接受慈联会邀请,担任难民教育委员会主任委员,赵朴初任副主任委员兼总干事,五名干事分别是朱启銮、周克、丁瑜、杨昌镛、吴宝龄,他们中有几位是共产党员。在他们的努力下,越来越多难民的革命斗志愈发高涨,收容所俨然成为孤岛中的革命根据地。

1938年以后,日寇连续攻占了华北、华东、华南的广大地区,所到之处疯狂肆虐,神州生灵涂炭。中共中央领导人周恩来向上海地下党负责人传达了新的革命任务——支援新四军。接到任务后,朱启銮、焦明与作为难民收容所负责人的赵朴初进行商谈,希望能够动员难民参加新四军抗日。赵朴初听后深表理解和赞同,马上遴选有志抗日的青壮年,安排他们转移。

如何将众多的青壮年从上海安全转移到远在皖南的新四军军部,是个巨大难题,这既需要国民党当局的批准,又需要顺利通过日军的盘查与阻拦。赵朴初为此特意拜访了慈联会留沪负责人黄涵之,黄涵之不仅是上海佛教界德高望重的老居士,还兼任国民党第三战区难民赈济委员会主任,职权内掌控着不少救助经费。赵朴初对黄涵之说,目前收容所聚集了大量的难民,并且每日人数剧增,如果战事继续蔓延,上海难保,难民所更无法支撑,如今温州之地多荒野,需要大批劳力前往垦荒,且此地尚未受日军侵扰,适宜发展农业生产,若将上

百年巨匠
赵朴初
Century
Masters
Zhao
Puchu

海难民移往垦荒，可谓利国利民。赵朴初又进一步言明，他已和温州地区取得联系，获得了对方的同意，只是交通费用需上海方面筹措，因此特请批准第三战区拨款。

黄涵之当即表示愿意协助，但唯恐租界工部局不能通过，因为迁移的人数过多，容易吸引日本人注意。赵朴初打算向租界工部局提议，把一些影响上海社会治安的大小瘪三、阿飞也连带送往温州垦荒耕种，这样会大大增加获批的机率。

随后，赵朴初多方运作，取得了租界当局的支持以及国际红十字会的资助，为使这次"移民垦荒"行动更加安全稳妥，他还向许世英呈送了申请报告，不久即获批复。回到难民收容所，赵朴初又策划组织了多次募捐活动，四处筹集物资，为难民的"开荒"做好后援。

1938 年 8 月 18 日，慈联会租用英商太古公司的轮船停靠在上海码头，赵朴初赶到黄浦江头，送别曾经朝夕相处的难民兄弟。七百多人被一辆辆敞篷卡车运到，人群中大多是健壮的青年，他们将在不久后成为新四军的新鲜血液，随行也有一部分儿童和残病者，这是为防日军起疑所作的掩护。一声汽笛蓦然响起，赵朴初心中大石终于落地，他难抑激动，吟出一首诗来：

> 挥手汽笛鸣，极目楼船远。
>
> 谈笑忆群英，怡怡薪与胆。
>
> 雄风舞大旗，万流归浩汗。
>
> 同张射日弓，待看乾坤转。

凌云壮志和家国忧思，这时一齐涌上赵朴初的心头，他可能已经意识到自己正在参与推动历史进程的行动，那些走向前线的难民，其生命也被赋予全新的意义。

当了解到新四军军部目前还存在一些技术困难，赵朴初便在接下来的数月中为难民开办无线电培训班，培养了三百多名合格的技术人员。这些掌握了无线电通讯技术的难民深受赵朴初感召，后来也投奔新四军，走上了抗日和革命的战场。

1941年1月4日，发生了震惊中外的"皖南事变"，新四军遭到国民党重兵突袭，除突围的两千人外，几乎全军覆没，军长叶挺被俘，副军长项英被叛徒杀害。面对此不幸事件，赵朴初无比悲愤：在遇难的英烈之中，有千名战士出自他苦心经营的上海难民收容所。正是他的培养和引导，使难民从那里走上抗日的道路，进

《哀辛士》 1997年

入新四军的大营，可如今竟然遇到这样意想不到的局面，赵朴初一时无语凝咽，他陷入自责，沉痛得无法自拔。数日后，他含泪写成一首《哀辛士》：

> 岂能北辙又南辕，无北无南八表昏。
>
> 信有修能遭众娭，竟教积毁铸沉冤。
>
> 鸱枭在室悲弓折，魑魅甘人可理论。
>
> 逼窄江南容后死，弥天泪雨望中原。

即使是哀悼新四军的亡灵，在当时的情形下，赵朴初也不能做得太过明显，他用"新四"的谐音"辛士"为题，表达心中郁结的愤恨和痛苦。对于不幸亡故的新四军士兵和难民兄弟，赵朴初称自己是"后死"，以谓与之同仇敌忾，但深恨未能共同进退，"弥天泪雨"倾洒之时虽然无声，却远胜激烈的怒吼。

有教有养

1940 年，赵朴初离开慈联会，为了生活，他托吴耀宗在麦伦中学帮忙谋了一份教职。此时的上海佛教净业社已经收容了一百多名难童，其中有来自难民所的二十多个孤儿，还有上海国际救济会移交的无法遣散的八十多名流浪儿童，这些难童的"养"和"教"，成为摆在关絅之面前的一个难题。

净业孤儿教养院简介

关絅之一直视赵朴初为得力的好帮手，他发出邀请后，赵朴初立刻从麦伦中学辞职回来。两人商议成立了净业教养院，关、赵分别担任正、副院长，日常工作由赵朴初主持。正、副院长和正、副董事长以及经济董事共同组成董事会，决定总干事人选，行政部门分为三组：事务组、教育组和工艺组，负责培养在院儿童的技能，帮助他们用劳力养活自己、融入社会。正像赵朴初在《流浪儿童教养问题——净业教养院第一次报告》中所说的那样："抢救工作便是教养工作。'养'是救他们的'寿命'的，'教'是救他们的'慧命'的。"

赵朴初决定辞去教职之后，开始全身心投入到拯救孤儿的教养事业中，他对净业教养院收容的流浪儿童的来源进行了调查，分析出五种情况：因逃难而与家属分散的；商店学徒因受不了苦而逃出，又不敢回家的；幼失怙恃，无人抚养的；因尊长督责过严，甚至虐待而逃出家庭的；父母有不良嗜好，不能照顾子女，任其流浪街头，甚至或有教子女做坏事（如偷盗之类），以致日趋下流的。流浪儿童整年累月地在街头混世，习染日深，不图上进，渐渐完全失掉了自尊心与羞耻心，丧失了人格，尤其可怕的是他们还一定要勾引其他的儿童同走向下流的路，赵朴初感叹："损失既是如此之严重，当然救济问题应当成为每个人所关心的了。于是怎样救济的办法，便应该研讨。照佛教因缘的道理来讲，上述五种来源，是流浪儿童的'因'，而旁人勾引等等，则是'缘'，大凡解决问题的办法，论理是应当从因上着手的，因为不这样，便不能得到整个的根本的解决。可是在时节因缘未具足从因上着手尚不可能的时候，只有从缘上求局部的解决。换句话说，整个的，根本的，杜绝流浪儿童的来源，在目前做不到的时候，部分的，尽力量所及的将孩子们从恶劣环境中抢救出来，便是必要的措施了。我们深信，抢救的办法，不是没有益处的，相反地，益处是相当巨大。"

赵朴初带领身边的工作人员四处筹集经费，以"养"流浪儿童；为了达到拯救流浪儿童"慧命"的目标，又把文化知识的传授与生产技能的培训结合起来，教育过程中行知并重，特别强调道德教化。在战火纷飞的年代，教养院的维持极其不易，面临着很多实际的问题，首先一日三餐的质量就难以保证，师生们当时食用的多是一些下等劣

百年巨匠
赵朴初
Century
Masters
Zhao
Puchu

书《一九四三年元日》诗　1953 年

质的粮食，像仁济堂施舍的"地脚米"，多为劣等稻米，甚至发霉变质，清洗煮熟后也没有黏性，难以下咽。一次，教员程莲华带着几名学生穿越日军封锁线，偷偷到周家桥篱笆外面去背米，回来掺在"地脚米"里熬粥给学生吃。赵朴初听闻后专门找程莲华谈心，认为此事风险太大，劝她以后再不可轻易行动，并提议去净业社旁边的雷士德医学院请教专家，看看有无少花钱就能使孩子们得到必需营养的好方法。程莲华听从了建议，特地前往咨询学习，果然大有收获，她回到教养院后，按照专家指点的方法，先细细地碾磨豆浆，再将鸡蛋壳研磨成粉，每周给学生食用两次豆浆冲蛋壳粉，磨豆浆所剩豆渣亦作菜食，这使得教养院儿童的伙食和营养状况有所改善。

　　时局动荡、物价飞涨，教养院的经费严重不足，赵朴初很担心孩子们的身体，作为当家人，他更加频繁地出现在各种募捐活动的会场，人们感于赵朴初的真诚和慈悲，善款和生活资料纷纷捐来。为了保证孩子能够得到成长必需的营养，他还默许程莲华向食品店募捐来牛羊肉骨头，将其放入大锅连夜用文火熬成香浓的汤汁，次日清晨再给学生熬粥喝。

赵朴初仪表堂堂，风度翩翩，衣着一向不染纤尘，但很少有人知道，他的衣装都是从旧品店里买来的。去过赵朴初家的师生也深为他的俭朴感动和震撼，他的"家"只是一个仅有 12 平米左右的小亭子间，房内除一张床、一套桌凳、一件小柜和一个梳洗台，再无长物。赵朴初的日常餐饮也极其节俭，不少师生就曾亲眼看到过他在午后走进食堂，将学生吃剩的锅巴用开水浸泡，再拌些送饭小菜食用，也有几次，学生看到他午餐只吃一碗阳春面，而且用水洗了又洗，不让一点油腥沾上。对自己如此"抠门"的赵院长，平日对教养院的师生们却相当大方，只要他们有什么需要，赵朴初都尽力买到、办成，大家都对赵朴初严于律己、利益他人的精神感佩不已。

1942 年，中、美、英、苏等 26 个国家在华盛顿举行会议，签署了《联合国家宣言》，标志着国际反法西斯统一战线最终形成。中国境内的抗日战争形势随之发生转变，日寇的凶狂已成强弩之末，人民信心大增，预感到胜利很快就将到来。在 1943 年元旦那天，赵朴初想到儿时每过新年，母亲总会取来红笺让他开笔写下祝颂之语，不禁感慨而激动，写成一诗："松香扑鼻严霜后，梅讯开眉大雪先。犹有童心消不尽，喜迎一九四三年。"诗中所言"童心"，既是对自己童年生活的追怀，又写出眼前净业教养院中欢喜无邪的氛围。这一年，教养院有了院旗和院歌，孤儿们在赵朴初和老师们的教导下，不仅掌握了种种生活生产技能，思想上也个个进步，自觉地向真、善、美靠拢亲近。

抗战胜利之后，净业教养院要自力更生，自给自足，但条件有限，有关人士集思广益，为之考虑和寻找出路。

1946 年 4 月，著名学者和企业家陆梅僧等筹集经费 2000 万元，发起建设"上海少年村"，用以收容流浪或犯罪少年，惠生慈善社拨借上海大场宝华寺五幢房屋近百亩地产作为村址。"少年村"仿效当时美国俄亥俄州克里夫兰之"儿童城"而建，纯以自治方式训练小公民奉公守法。少年村董事会在青年会召开之时，市府和社会局皆有责任人出席，最后大家议定推举纸业大王董和甫为董事长，雷洁琼、田信耕、陈巳生、梅达君、孙瑞璜为常务董事，赵朴初为村长，市区办事处设在赫德路418号。

上海大场环境清幽，有大片土地，适合学生们进行劳动生产，足以训练他们自食其力、帮助他们断绝沾染都市的恶习。从春天到夏天，赵朴初和两三位师生忙了几个月，终于在7月15日给少年村正式挂牌。

少年村的规模不小，事务繁杂，每天的各项开支庞大，幸有佛教界和众多社会贤达襄助，像宋庆龄先后创办的中国福利会、国际战灾儿童义养会中国分会和上海临时救济委员会等救助团体，都是少年村的重要支持机构。

据少年村村主席周文耕回忆，少年村的成立主要依靠净业教养院和惠生慈善社，这两个团体都是信奉佛教的人在主持，但自少年村成立以来，这里没有任何宗教仪式和相关限制，少年村建立了六大教育体系，分别是生产教育、组织教育、阶级教育、纪律教育、文娱教育和知识教育，村里还形成了别具特色的新行政组织系统，即把学生会与教师工友组织的辅导部并列起来，加强学生会的职权和业务，在辅导部门又把教育处和养育处分开并列，严格地实行集体领导与个别负责的制度。少年村每月5日和20日定期召开村务会议，讨论决定全部村务；每月15日和30日召开辅导会议，报告与设计导师个案、进修及商议辅导学生会等事宜；每月8日和23日举行教育会议，检查教学、掌握原则、探讨理论、布置活动；每月10日和25日举行养育会议，每周三下午2时到4时开展学生生活检讨会，每周五下午6时半

上海少年村同学会成立合影

到 9 时半举行全村检讨会，每周二、四夜间依每组实际需要安排生活小组会，每天上午 8 时到 9 时召开教师工友会 …… 这些制度的设计、制定和实施，都有赖赵朴初，他的领导才干和管理能力，也在少年村得到锻炼和展现。

少年村从 1946 年成立之初到 1954 年，八年间先后教养儿童 2496 名，其中流浪儿童和孤儿占多数，年龄主要分布在 7 岁到 18 岁之间，他们半工半读，既接受了良好的思想文化教育，又培养了爱国主义和国际主义精神，还学会了劳动，树立了正确的劳动观，掌握了简易的生产技艺，提高了生存自理的实际能力。赵朴初辛劳经营的少年村，让旧上海阴暗的角落里无数不幸的孩子，从此告别乞讨、偷窃、遭受毒打的命运，走上了正途。这些孩子的心中，也永远感怀赵朴初的大智大勇和大慈大悲。

无 常

1942 年，关絅之的健康出现严重问题，常常呕血，甚至昏厥，经检查得知已经罹患肠癌。7 月 2 日，关絅之自觉病将不起，特意召唤赵朴初到榻前，对他说道："我此时心中清净，一切均能放下，专心求生净土，自觉不难，现已一步一步走近。我病中常观想普陀山荷花池及观世音大士像，亦曾数次梦见，惟愿大士救度苦厄，接引生西。此生死大事，烦汝相助。"赵朴初流泪点头，遵照表舅的嘱咐，从佛堂取出他前一年就已写就的遗嘱，在上面签名作证。

关絅之一生颇不平凡，辛亥事起，陈其美都督沪军之际，委任他为正审官，办理公共租界公廨司法事务，此后连任二十余年。二次革命失败，关絅之曾助孙中山脱险，两人交情匪浅。皈依以后，关絅之凭借自己的地位和影响，为护持佛教发挥了重要作用，印光大师评价说："使沪无絅之，沪地之景象，恐远不及此。"

关絅之在上海佛教界德高望重，弥留之时，僧界友朋十数人皆在榻前助念。他在遗嘱中说："余自四十二岁皈依三宝，专修净土。二十年来，虽世事忙碌，功课未能如初学时之严密，而一句佛号，时时提起，往生之愿，甚为恳切。"病榻上的关絅之已经高烧 39 度，竟还在忏悔病中持斋未净，赵朴初含泪奉四臂观音像一尊置于榻前，关絅之合掌，未几欢呼："大士已来！"

3 日凌晨，赵朴初进入佛门的引路人安然离世 —— 如果没有关絅之的教导和栽培，赵朴初的人生完全将会是另一番模样。三个月

上海佛教会成员合影，一排右二为关絅之，二排右二为赵朴初

后，上海各界三十多个团体六百多人齐聚净业社，为关絅之举行了隆重的追悼会，赵朴初亲撰《往生记》，他在多年以后还写了一副三十字的长联缅怀表舅遗德："名将之裔名儒之子威德永承君子泽，佛法弘扬佛门弘启教诲不忘菩萨行。"

关絅之的二子一女均已成家，他们在父亲逝后不久，便将房产变卖分家，各奔东西了。赵朴初将大姨关静之接到自己的住处奉养，关静之则将分家所得三万银元全部交给赵朴初，他们成为不是母子但胜似母子的亲人。

另一位对赵朴初的信仰和思想产生巨大影响的，是一代高僧太虚大师。20 世纪 20 年代，太虚常到上海觉园参加佛教活动，赵朴初因此与他结识；在太虚接任圆瑛成为中国佛教会会长后，作为佛教会秘书和理事的赵朴初即常伴大师左右，时聆教诲。

太虚大师勤于著述，法理圆融，其所倡导的"人生佛教"，对中国佛教的现代转化大有促进之功，他曾说："今倡人生佛教，旨在以现实人生为基础，改善之，净化之，以实践人乘行果，而圆解佛法真理，引发大菩提心，学修菩萨胜行，而隐摄天乘二乘在菩萨中，直达法界圆明之极果。即人即菩萨而进至于成佛，是人生佛教之不共行果也。"太虚大师还有一首著名的偈语，精炼地传达出"人生佛教"的义谛："仰止唯佛陀，完成在人格。人成即佛成，是名真现实。"

1947年3月，赵朴初接到电话，是太虚大师派人请他去一趟玉佛寺，赵朴初不敢耽搁，立刻赶往拜见。太虚见赵朴初来到，笑言并无要紧事务，慢慢从案上拿起一本《人生佛教》递来，鼓励赵朴初弘扬佛法、护卫众生。简短的对话结束之后，赵朴初拜谢告辞，出门时听到几个年轻僧人说大师数日前自言将往无锡、常州。赵朴初心想，大师身体近来一直违和，还是休养调摄为好。

谁知十多天后，太虚大师圆寂的消息传到了觉园。赵朴初一时怔住，玉佛寺一晤竟成了自己和大师诀别之会，难怪大师谆谆教诲，又郑重赠书，实有托付教法、传赐衣钵的深意。赵朴初悲痛之中，顿悟大师"将往无锡、常州"之说，其实在暗示生命"无常"。在悼诗中，赵朴初记下了这段非凡的因缘：

> 旬前招我何为者，付我新编意倍醰。
>
> 遗嘱分明今始悟，先机隐约话头参。
>
> 神州风雨沉千劫，旷世光华掩一龛。
>
> 火宅群儿应不舍，再来伫见雨优昙。

哲人其萎，"人生佛教"也成为赵朴初一生执着体悟和践行的思想。在赵朴初看来，太虚大师"是一位教海渊深的佛学通家和弘扬佛教的积极活动家，在他的倡导带领下，涌现了一大批弘法的僧伽人才。他们对我国近代佛教事业的发展作出了不可磨灭的贡献"。后来几十年间，赵朴初承继太虚大师遗训，创造性地发扬了"人生佛教"和"人间佛教"思想，使之成为主导当代中国佛教实践追求的新方向和中国佛教现代化的新道路。

对于赵朴初来说，1947 年注定是个悲伤难忘的年份，继人生导师太虚大师圆寂后，母亲陈仲瑄也蒙冤离世，此时她不过 65 岁。

中国共产党军队进入太湖后，寺前镇成为中共太湖县委和县民主政府临时驻地。此时《中国土地法大纲》已经公布，当地百姓参与土改的热情高涨，地主被当成革命的对象。

赵家在寺前有不少田产，自然被划为地主阶级。土改刚刚开始，赵朴初就推测家中可能会面临麻烦，他虽然支持中国共产党，又为中共力量的发展壮大作出过很大贡献，但在当时不便公开，因此乡人毫不知情。赵朴初写信托人带给父母，请他们尽快离开太湖，到外地躲避一段时日。赵恩彤认为儿子的建议正确，马上安排家人回安庆暂避。此时在老两口身边的，是小儿子赵曙初与儿媳贺孟珍，以及两个孙子和两个孙女。倔强的陈仲瑄虽知面临困境，但不愿离开这片生活了四十年的土地，赵曙初多次跪求母亲快些离去，但她总是无动于衷，无奈之下，赵曙初留下十岁的大女儿赵锡和陪伴她的祖母，也好有个照应。

不久，赵府的大门被寺前乡农会封了，祖孙俩被关押在公所里挨饿受冻。赵朴初惊闻母亲仍未撤离，立刻写信给刘伯承司令，希望

20 世纪 30 年代，赵朴初与母陈仲瑄（前右）、妹赵敏初（后右）、关静之（前左）在上海

能够得到关照。不幸的是，陈仲瑄没能等到刘伯承派人送来的急信，便被运动中的一群暴徒推下高崖……

当赵朴初从乡人口中得知他们敬重的"陈少奶奶"已经不幸遇害，一时昏厥过去，他痛不欲生，捶胸顿足，深深懊悔自己未能及时赶回接走危难之中的母亲。父亲和弟弟一家悲痛难抑，他们万万没有料到竟然会有如此结局。母亲的悲惨亡故，成为赵朴初心中终生难以愈合的创伤。

从上海到北京

1931 年赵朴初和汪棣华结婚，次年诞下一子，取名赵锡鹏。由于汪棣华性格上的原因，对孩子的呵护太过极端，她不许别人靠近，试图把小锡鹏与外界隔绝。结果，过分的关爱反致小锡鹏没到两岁就不幸夭折了。赵朴初痛惜儿子就这样匆匆来去，汪棣华也已肝肠寸断、追悔莫及。

汪伪政府在南京成立后，袁履登出任上海伪商会主任委员，他动员陈邦织的父亲陈曾毅也来任职，陈氏父女志意相通，十分坚定，绝不愿与汉奸同流合污。袁履登又去劝说关絅之和赵朴初，关、赵二人丝毫不为利诱所惑，汪棣华却有所动心，觉得参与一下亦无不可。赵朴初对此颇觉不安，他多次劝说妻子，还委托在大学接受过进步思想的陈邦织找汪棣华谈心，帮助她转变观念。但偏执的汪棣华并不理解丈夫的想法和工作，反而出语相激，赵朴初心中更加难受了。

几年后，志趣不投、性格迥异、情感隔阂等问题，让赵朴初和汪棣华夫妻缘尽。赵朴初最终选择了知书达理的陈邦织作为终身伴侣，两人历经荣辱，相扶到老。

1945 年，经过长达八年的艰苦卓绝的抗战，中国人民终于赢得了胜利，但此时国内局势依旧紧张，国民党引燃内战导火

青年陈邦织

线，神州大地再起硝烟。

赵朴初生活和工作在上海，这里当时有"半租界"之称，各种思潮交融碰撞，中国最优秀的一批知识分子聚集于此，大量文艺书刊和进步团体在这里出现并对全国产生影响，这为爱国民主运动的蓬勃发展提供了独一无二的环境。

唐弢、柯灵主编的《周报》和郑振铎主编的《民主》，是两份积极宣传民主、反对国民党一党专政独裁的进步报刊。以《周报》《民主》为发言平台的撰稿人经常聚会座谈，渐渐形成了组织，他们每两周碰头一次，分析时事，商讨出版事宜和斗争策略。这些撰稿人和热心时政的知识分子，联系愈加紧密，开始发展成一支稳定的、有社会影响力的爱国民主力量，赵朴初便身在其中。

1945年12月中旬，马叙伦、王绍鏊利用马歇尔来沪之机，联络郑振铎、周建人、许广平等文化界爱国知名人士共61人，联合发表了《给美国人民的公开信》，呼吁美国人民反对美国政府的对华政策。运动产生了巨大的社会效应，这群文化界的爱国民主人士紧接着正式成立了中国民主促进会，赵朴初作为重要成员参加了成立大会，大会通过的简章明确规定了民进的性质、任务和组织原则，将"以发扬民主精神，推进中国民主政治之实现为宗旨"。

1946年1月2日，民进第二次会员大会通过了《中国民主促进会对于时局的宣言》，提出八点政治主张，其中最核心的要求就是

赵朴初在民进第一次会员大会签到表上签名

国民党立即无条件地停止内战、还政于民，赵朴初在会议上表决赞成宣言，并受命筹备12天后在玉佛寺举行的万人公祭昆明惨案遇难烈士活动。2月间，民进第三次会员大会召开，赵朴初被推选为联络部联络员和经济委员会委

1946年6月，呼吁严惩"下关惨案"代表在中央医院前合影，右六为赵朴初

员，同时和陈巳生、严景耀三人负责开办人文科学补习学校。此后，起草成立上海民主运动团体联合会筹备委员会章程、策划组织"六·二三"反内战大会、为被国民党勒令停刊的进步报刊筹捐等具体事务和工作中，都有赵朴初的身影。

随着中国人民解放军三大战役的胜利，中国北方局势大定，应中共中央邀请，各民主党派主要负责人都从各地去往北平，参加筹备全国人民政治协商会议。民进总部在迁往北平的同时，决定成立民进上海分会，由赵朴初等负责筹备。1949年5月27日，上海解放，赵朴初等留沪的民进成员，于当天发表《告全市人民书》庆祝解放，并号召市民做好慰劳人民解放军、救护伤病员、协助人民解放军接收上海工作、协助新政府机关救护难胞等工作。赵朴初此时还在"临时联合救济会"中担任总干事，救济会的中心机构是宋庆龄领导的中国福利会，赵朴初凭借丰富的工作经验，圆满完成接收工作和救

赵朴初作为宗教界代表出席政协一次会议　　　赵朴初参加开国大典

济事务，他干练、稳健的办事风格深得宋庆龄等人的赞许与青睐。

9月21日，中国人民政治协商会议第一届全体会议在中南海怀仁堂隆重开幕，赵朴初以宗教界代表的身份参加了会议，并担任大会《政协组织法》草案整理委员会委员。30日，赵朴初当选为第一届全国政协委员，并在次日登上天安门城楼，见证中华人民共和国宣告成立。

1950年4月15日，中国民主促进会在北京召开了第一届全国代表大会，赵朴初作为上海代表参会，被选为中央理事会理事，后增补为常务理事。会后，赵朴初受民进中央委托帮助建立南京分会，为民进南京以至江苏省地方组织的成立倾注了大量心力，仅1953年至1955年间，赵朴初亲笔起草和撰写的相关函电就达五十多件。

赵朴初被任命为华东民政部副部长和上海市生产救灾委员会副主任后不久，"三反"运动开展起来，因他经手的救灾物资数额巨大，故被列入了重点审查名单。但实实在在的账目最终证明，赵朴初是一个廉洁奉公的好干部，他管理着巨额物资，从没有染指一毫，这令审查人员都感到惊奇佩服。周恩来了解到情况后说："赵朴初是国家的宝贝，这个人应该重用。"

赵朴初人品能力绝佳，能够胜任与国计民生直接相关的重要工

中国民主促进会第一次全国代表大会摄影 一九五〇年 四月十五日

1950 年 4 月 15 日，中国民主促进会第一次全国代表大会在北京召开，前排左二为赵朴初

作，不过他自己内心更为挂怀的还是佛教事业。中华人民共和国成立后，佛教界人士一直希望能建立一个全国性的组织，虽然"现代佛学社"已于 1950 年成立，但终究还不算宗教团体，只是以出版佛教刊物为工作中心的机构。1951 年 7 月，赵朴初向政务院文教委员会宗教事务处建议，邀请全国 18 位高僧召开会议，商讨成立全国统一的佛教组织，但由于当时宗教信仰政策具体内容尚未明确，后来并无下文。

　　1952 年 10 月，亚洲及太平洋区域和平会议在北京召开，出席会议的虚云、喜饶嘉措、圆瑛、能海、巨赞、法尊、陈铭枢、赵朴初等高僧及佛教知名人士，在会议结束后齐聚广济寺，正式商议成立中国佛教协会事宜。在有中央人民政府副主席李济深、中共中央统战部长李维汉出席的讨论会上，议定推选赵朴初为中国佛教协会筹备委员会主任委员，由他起草的《中国佛教协会发起书》也获通过。这一天刚好

百年巨匠
Century
Masters
赵朴初
Zhao
Puchu

赵朴初在中国佛教协会成立大会上报告发起经过和筹备工作

是赵朴初的 45 岁生日。

筹委会成立后便向全国发出启事，调查 29 个省份和 10 个直辖市的佛教状况，不久即收到来信来函两百多份，根据这些反馈，筹委会商定了出席成立大会的代表名单。1953 年 5 月 30 日，中国佛教协会第一次会议在北京广济寺举行，赵朴初作题为《关于中国佛教协会发起经过和筹备工作的报告》，报告重申了中佛协的宗旨是："团结全国佛教徒在人民政府领导下参加爱护祖国、保卫世界和平运动，协助人民政府贯彻宗教信仰自由政策，并联系各地佛教徒发扬佛教优良传统。"大会选举圆瑛法师为会长，赵朴初为副会长兼秘书长，驻会办公。

从此，赵朴初离开生活工作了三十多年的上海，正式迁住北京。

第三章 — 人间护法

新中国成立后，赵朴初参与创建中国佛教协会并担任领导职务，他两次护送佛牙舍利出国接受瞻礼，宣传党和国家的宗教政策，以赠送佛像和共同纪念鉴真等方式，促进中日两国佛教界的交流，推动恢复中日友好关系的进程。

「文化大革命」结束，赵朴初为推动佛教劫后重生、实现佛教的复兴贡献着智慧，他提倡和践行「人间佛教」思想，让佛教和社会主义的当代中国相适应，对于佛教而言，无疑有「重光」「振兴」之功。

佛牙出国巡礼

据佛经记载，佛陀入灭后，法体荼毗，留下四颗灵牙，除被天界和龙宫请去两颗之外，在人间的两颗分别供奉于犍陀罗国和羯陵伽国，其中一颗在5世纪前后经于阗传入中国。于阗是西域一个古老的城邦，佛教传入西域后，于阗最早出现寺院，成为佛教学术与文化交流的中心。《高僧传》和《法苑珠林》载南朝高僧法献西行时，在于阗得到佛牙，于477年前后秘密带回建康（今南京），珍藏数百年后，在五代时北传至燕京。辽国大臣耶律仁先的母亲燕国太夫人郑氏，于西山灵光寺建八角十层砖塔，专门供奉佛牙，历830年之久。庚子国变，八国联军入侵北京，寺与塔皆化为瓦砾，寺僧在清理塔基时发现石函，函内沉香木盒上书刻"释迦牟尼佛灵牙舍利，天会七年四月廿三日记，善慧书"，遂密藏供奉。中国佛教协会成立之后，佛教界人士高度重视佛牙护持工作，因于1955年3月举行法会，将佛牙舍利恭迎至佛协所在地广济寺，供养于舍利阁七宝金塔之中。

佛牙重现人间，引起东南亚很多国家的关注。最早和中国建交的国家之一缅甸，是一个佛教国家，

供奉佛牙舍利的沉香匣

该国总理吴努在一次会见中国佛教访问代表团的时候，表达了希望迎请佛牙供奉的意愿。1955年，中央人民政府批准同意佛牙出巡缅甸，当年9月，缅甸佛协副主席、最高法院院长吴登貌率团来京，准备迎请佛牙。赵朴初代表中国佛协和佛教徒欢迎远道而来的客人，他认为迎奉佛牙对于增进中缅两国人民友好往来具有重要作用。事实上，以佛教法宝为中心的宗教交往，对于刚刚建立的共和国而言，确是一项不可替代的外交活动实践。

10月5日上午，中国佛教协会在广济寺举行法会恭送佛牙，两天以后，以赵朴初为首的佛牙护送团随缅甸佛教代表团一同乘火车离开北京，经南京、上海、杭州到达广州，沿途参观了几处佛教寺院和团体。10月15日，迎奉佛牙舍利代表团在广州乘坐缅甸派来迎接佛牙的专机飞赴仰光，当天下午抵达孟加拉洞机场，缅甸联邦总统巴宇和总理吴努率领政府高级官员、海陆空高级军官到机场迎接佛牙，并在机场举行了隆重的交接仪式。佛牙放置于金塔之中，金塔被安放在一张特制的金漆大法轮座椅上，由缅甸总统、总理、大法官、上下议院议长、佛教协会主席等一同抬上特备的彩车，法螺和锣鼓声中，彩车缓缓开到仰光和平塔，人们抬出佛牙，将之供养在大石窟中。一路之上，两侧拥满了倾城而出的仰光市民，有的已经恭候五六个小时以上，彩车经过之时，男女老幼合掌跪拜，此起彼伏；而当彩车每到一处瞻拜站时，皆有群众围绕礼拜，烧香散花，跟在彩车后面的人群队伍一眼望不见头。缅甸外交部长吴千吞对赵朴初惊叹，像这样盛况空前的集会，他也是头一次看到。

赵朴初一行被安排住在茵雅湖边的一所环境优雅的别墅，吴努禅修的水阁也在那里。吴千吞负责招待事宜，他从自家带来海苔、腌菜和各种珍果供客，又邀请赵朴初去到家中饮茶、聊天。在缅甸的一个

百年巨匠
赵朴初
Century
Masters
Zhao
Puchu

佛牙舍利巡礼缅甸

礼拜，赵朴初参访了多处寺院、学校和文化古迹，所到之处均受到友好欢迎，年近八旬的缅甸佛协主席吴顿是宗教宫的大护法，他亲自陪着赵朴初一行参观宗教宫，表示希望"在未没世以前能够有机缘到中国看看"，摩宁寺的长老感动地说："佛牙来到缅甸，是从没想到会实现的事，我们将永远记住中国人民。"

佛牙离开中国巡礼缅甸，不但是中国佛教的一件大事，也是中国外交上的一件大事。中国政府向国际社会表明，中国政府护持佛教，中国人民有信仰宗教的自由。赵朴初在后来向中国佛协在京理事暨首都佛教团体负责人所作的有关报告中说："从迎奉佛牙这一大事因缘，我更加认识到今天佛教徒在加强各国佛教徒和各国人民的友好以及在促进人类和平的事业上所应当负起来的责任。"

护送团返回北京后，佛牙留在缅甸开始为期七个多月的巡展，期间共有 100 多万佛教徒从缅甸各地前来仰光瞻仰。1956 年 6 月 5 日,巴宇总统亲自将佛牙奉还给当时正在缅甸参加佛陀涅槃两千五百年纪念活动的中国佛教代表团,佛牙舍利被护送回中国昆明,在云南停留的六个多月期间,又接受了 40 多万佛教徒的瞻仰。

佛牙迎回北京后,政府和佛协决定重修舍利塔,"佛牙舍利塔修建委员会"也于 1957 年成立,赵朴初任主任委员。1958 年 6 月 2 日,中国佛教协会在灵光寺举行了佛牙舍利塔奠基典礼,同年,舍利塔的主体结构工程完成,并开始向全国佛教界征集装藏所需的经像法物。

在《重建佛牙舍利塔记》中,赵朴初详细叙述了重建该塔的前因后果:

《访缅甸掸邦首府东枝》

北京西山灵光寺之西,故有辽塔,名招仙,俗名画像千佛塔。清季庚子之岁,帝国主义八国联军入犯,塔毁于炮火。后,寺僧扫除瓦砾,得石露盘,有文云:"大辽国公尚父令公丞相大王燕国太夫人郑氏造","咸雍七年八月日工毕"。旋于塔基获一石函,启视,有沉香匣,内贮佛牙舍利一颗,匣上题曰:"释迦佛灵牙舍利","天会七年四月二十三日记","善慧书"。遂奉而藏诸寺。案《辽史·道宗本记》咸雍七年八月置佛骨于招仙浮图,其时日与露盘刻文正合。造塔之

佛牙舍利塔露盘题记

燕国太夫人郑氏，盖辽相耶律仁先之母，《辽史·耶律仁先传》可考。题匣之善慧，乃北汉僧人，宋初受"宣秘大师"赠号，名见《补续高僧传》。至于天会七年，则北汉刘氏年号，相当于公元九六三年，盖佛牙舍利，初在北汉，后至辽京，咸雍入塔，上距善慧题匣之岁，殆百有余年。既閟迹于支提，遂潜光于忉利；八百三十年后，乃重睹于人间。复以遭世多难，深藏密护于萧寺之中，而罕为世知者又五十年矣。解放以还，剥极而复，在中国共产党宗教政策光辉照耀下，名山古刹，佛窟法藏，昔之任其湮没倾颓、盗窃破坏者，今皆出榛秽而复旧观，盛庄严而增美奂。中国佛教协会成立，遂于一九五五年具礼恭迎佛牙，供奉于广济寺舍利阁，自是香华日继，遐迩踵至，尘镜衣珠，复得曜显其光彩。是年十月，缅甸联邦专使来华，请奉佛牙舍利，周莅缅土，至则举国倾动，奔走顶礼，唯恐弗及。缅甸总统致词于毛主席、周总理，以及中国人民之深情厚谊，备致其感谢之忱。翌年夏，礼迓归国，复徇边疆人民之请，奉以巡行云南傣族地区，至则信士追攀无间，童耄膜拜瞻依，欢喜赞叹，或称党及政府之关注，靡远弗周。盖应机示迹，因缘际会，未有若斯其殊胜者也。一九五七年，中国佛教协会复请之政府，于旧塔之北，相地鸠工，重建新塔，用以奉置佛牙舍利，俾垂久远。塔凡十三级，高一百五十三尺，经营三载，至一九六〇年春，始观厥成。是年，岁复庚子，距旧塔之圮，适一周甲。雄杰庄严，超轶前代。于以见祖国建设之昌荣，与夫宗教政策之伟大，不独为人民首都增益壮丽已也。爰为颂曰：

　　宝相辉金，飞檐焕碧，庄严国土，天壤今昔。昔庚子坏，今庚子成，一坏一成，观国之兴。既睦我邻，既敦我族，利乐众生，千灯永续。

公元一九六〇年佛诞日

佛牙舍利塔修建委员会主任委员 赵朴初撰并书

正像赵朴初所描述的，佛牙舍利首次出巡，使得缅甸"举国倾动，奔走顶礼，唯恐弗及"。在那个特殊的时代，法宝佛牙让不同意识形态和政治立场的国家忘掉了成见，帮助中国走出孤立的困境。

1961 年，锡兰政府向中国政府提出请求，希望同意佛牙舍利前往巡展。锡兰是一个位于印度洋海上的热带岛国，佛教历史悠久，与中国的交往可以

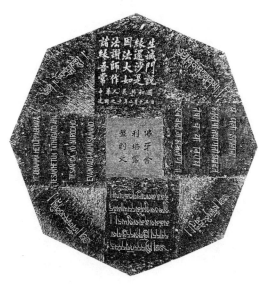

佛牙舍利塔露盘刻文，汉文缘起偈为赵朴初所写

追溯到东晋时期，中国古代称其为狮子国、僧伽罗国。1920 年代末，太虚大师开启全球弘法历程，率团访问锡兰时，当地举行了万人欢迎会，轰动一时。新中国建立后不久，中锡两国即建立友好邦交，佛教界的交流也日趋频繁。

1961 年 5 月，锡兰工业、内政和文化部驻议会秘书阿里亚达萨率"锡兰迎奉佛牙代表团"一行五人到达北京，他们参观了广济寺、雍和宫、通教寺等地，受到周恩来的接见。中央政府经研究批准佛牙再次出国巡礼锡兰后，两国佛教徒在广济寺举行了佛牙迎送法会，以喜饶嘉措和赵朴初为正副团长的中国佛牙护侍团，于 6 月 7 日乘专机前往锡兰。

锡兰政府总理班达拉奈克夫人亲往机场迎接，接收并护送装载佛牙的佛塔至科伦坡独立广场。喜饶嘉措在机场发表讲话，他特别指出，来自中国的佛牙舍利和在锡兰的佛牙舍利将同在一处供奉，这是佛教史上空前的伟大事件，它也标志着中锡两国佛教徒和人民之间友好关系和合作的新发展。赵朴初向锡兰赠送了英译本《法住记》，《法住记》的说者庆友尊者是锡兰人，他与佛陀的十六大弟子在中国受到

欢送佛牙舍利赴锡兰巡礼法会

锡兰总理班达拉奈克夫人和中国佛牙舍利护侍团在科伦坡机场

广大信众的礼敬供养，中国将《法住记》赠送给锡兰，就是希望两国人民铭记千年友谊并不断加深交往。在此前发表的文章中，赵朴初还特意提到，法显法师在4世纪由中国启程西行，5世纪初到达锡兰，与此不约而同的是，一位锡兰僧人也在4世纪末受国王派遣，不远万里来到中国南朝的首都建康（今南京），赠予一尊玉佛，一千多年以来，两国佛教徒从未传播过仇恨和不友好的种子，传播的只是友谊和文化，两国先人在这方面的努力，正是今日两国人民学习的榜样。

两月间，佛牙舍利在锡兰巡行了9个城市，接受了250多万佛教徒的朝拜和观礼，两国佛教徒敬奉的两颗佛牙在离散2000多年后再度重逢、同时展出，意义非凡。锡兰人民和政府也由此获悉，新中国"不允许人们信仰宗教"并非事实，他们对中国共产党的宗教政策也认识得更为充分了。

要取和平十万年

　　第二次世界大战给很多国家带来深重的灾难，除了正面战场上的伤亡，许多中国人还被劫掳到日本，惨遭压迫和杀害。在 1945 年 6 月 30 日发生的"花冈事件"中，979 名被强掳至花冈的中国劳工有近一半命丧其地，震惊当时。1950 年 10 月，日本社会各界发起寻找在日殉难中国人遗骨活动，将他们的骨灰护送到浅草本愿寺安放，并举办追悼会。1953 年 7 月，一个由 18 人组成的护送中国在日殉难烈士遗骨代表团来到中国，其中 4 位佛教徒前往中国佛教协会拜访，受到赵朴初等的欢迎。这次访问也开启了战后中日两国佛教交流的先河。

　　推动战后恢复中日友好关系的进程其实并不顺遂。1952 年的亚洲及太平洋区域和平会议在北京召开，日本因为曾在二战中发动大规模的侵华战争，极大危害了世界的和平与安全，所以这次和平大会本该得到日本国内和平力量的响应与积极拥护，这也是二战后亚洲人民赋予日方的一次宝贵的忏悔与自新的机会。然而，原本计划派出 60

日本友人送还中国烈士遗骨，赵朴初主持欢迎会

人与会的日本代表团却因日本政府拒发护照而被迫缺席，一时间全世界热爱和平的人们都对日本产生了严重怀疑。幸好，日本一桥大学教授南博等人设法由欧洲或通过其他途径转道北京参加了会议，在北京期间，他们参访了广济寺，并接受了赵朴初代表中国佛教界赠送的一尊药师佛像。赵朴初真诚地对日本友人说："日本与中国的佛教交流有长达两千余

1955 年 8 月，赵朴初与成仿吾、冰心等访问日本

年的悠久历史。虽然第二次世界大战严重阻碍了彼此间的交流往来，甚至一度中断了联系，但是中国佛教界期待及时恢复与日本佛教界的交流往来，共同努力重建和平友好的睦邻关系。"殷切的寄语让南博等人深受感动，他们也看到了中日重建友好往来的希望。

南博把佛像带回日本，日本佛教界和日中友好人士在东京举行法会迎奉，各界反响强烈。赵朴初此前就曾表示，选择赠送药师佛像，是因为佛经言药师佛是东方净琉璃世界的教主，是"大医王佛"，有着消灭灾难和拔除众生痛苦的大愿，中日两国人民正饱受侵略战争的痛苦，在水深火热之中，有很多心灵创伤需要治疗拯救。赵朴初不仅精通佛典，也洞明人心，他以巧妙的方式准确地传达了两国人民对和平友好的向往之情。

1955 年 8 月，赵朴初作为中国代表团成员，出席了在东京召开的"禁止原子弹和氢弹世界大会"，这是佛教徒在新中国成立后第一次访问日本。由于受到日本政府的阻挠，中、苏等国代表团在入境时

遇到刁难，导致迟到三天，没能参加广岛大会，但赶上了长崎大会，并参加了关西大会、镰仓海滨大会和东京大会，后又回到广岛参观了被炸地区，慰问了原子弹受害者。赵朴初访问时目睹了十年前遗留下来的祸害和至今难以改变的种种惨状，用诗记载下了所见所感：

当时一弹半长崎，万屋成尘地满尸。

今日来观犹动魄，十年教训起深思。

千万孤儿慈母泪，一齐倾向讲台前。

看教泪化和平海，万众潮音响彻天。

向来七水潆洄处，广岛风姿绰约称。

今日来观尘满面，十年犹未复伤痕。

自注：广岛素以风景称，有河流七道，流贯全区。

伤痕遍体一病妇，背上独有完好处。

当年负儿儿成尘，儿形永留在母身。

自注：广岛医院一病妇，伤痕遍体，筋肉盘曲可怖，独背上一处完好，盖当时背负儿，儿身所蔽之处未伤耳。妇见客泣不成声，观者皆为之堕泪。

盲目妇人断臂女，诉说十年无限苦。

哀哀欲绝绝复言，满座闻之摧心肝。

自注：与原子弹受伤者座谈。

人心所向复奚疑，众怒轻干事可知。

《不许再投原子弹》，歌声雷震海天弥。

自注：《不许再投原子弹》，歌名，日本僧俗老幼皆唱之。

赵朴初觉得，这次在日本举行的禁止原子弹和氢弹世界大会，具有佛教所谓"应机普摄"的功用，同时也是"方便善巧"的。日本是第一个而且是曾经两次遭受原子弹和氢弹灾害的国家，在日本至今还有数以千计的原子弹受害者成为终身残废，但原子战争的威胁却经常在袭击着他们，此时发起反对原子弹氢弹运动是切合时机和人民要求的。会场上，原子弹受害者的倾诉，各国代表和群众的互相致意，种种场面让人感动。各地根据时间地点的具体情况，布置各式各样的文娱节目和活动，使大会更富于鼓动性和吸引性，一些群众性的追悼会、晚会、演讲会、座谈会、展览会、外宾欢迎会，以及印发小册子、图片、纪念邮票，写明信片，赠送儿童作品等，都有效地扩大了大会的影响。

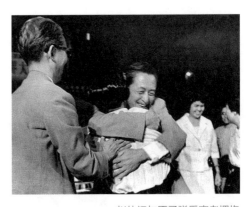

赵朴初与原子弹受害者拥抱

赵朴初向全日本佛教会副会长椎尾弁匡赠送观音像

在日本期间，赵朴初广泛接触各界人士，每到一处寺院或佛教组织机构，他都会赠送观音菩萨像，以表达中国佛教徒对日本佛教徒的问候。他还不失时机地向日本友人介绍佛教在当代中国的发展，重申中国佛教徒对中共宗教信仰自由政策的拥护，以及同全中国人民一道建设社会主义中国的信心。

在赵朴初的感召和推动下，1961年5月，以大谷莹润为首的日本"中国殉难烈士名单捧持代表团"访问中国佛教协会，他们把有一千多名日本佛教名流和大学教授签名的"日中不战之誓"签名簿交到赵朴初的手上，隆重的赠送仪式于5月27日在全国政协礼堂举行。手捧签名簿，赵朴初激动地说："这是一份无比珍贵的礼物，它有如一条金锁链，将日本和中国永远连接在一起。今后中日两国的友谊也像金锁链一样永远相连。"

当时的国际形势对中日两国佛教徒交往和亲善合作仍有阻碍，赵朴初主动争取全日本佛教会中的亲中派，邀请他们到中国访问。1957年，日本佛教亲善使节团抵达北京，这个使节团由各佛教宗派领袖组成，代表性非同一般，其中包括曹洞宗的高阶珑仙、日莲宗的增田日远、净土宗的渡边真海等高僧。赵朴初在广济寺特别安排了中日友好

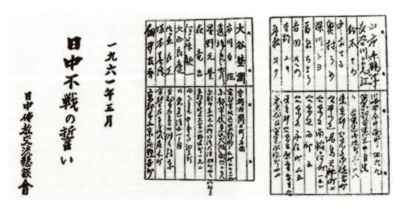

"日中不战之誓"签名簿

中日佛教界在北京签署《关于禁止原子弹、氢弹和裁军的共同声明》

世界和平法会，他说，举办法会是为纪念释迦牟尼涅槃两千五百年，也是为祝愿中日友好和世界和平。高阶珑仙深表赞同，他还把一尊原供奉在山东沂水县芦山白云寺、后被日本军国主义者劫到日本的铜质佛像归还给中国，以示日本对过去战争罪行的忏悔和对中国人民的善意。数日后，赵朴初和竹村教智分别代表中日双方签署《关于禁止原子弹、氢弹和裁军的共同声明》，这份声明称：广岛、长崎的原子弹灾难不只是日本人民的灾难，而且是全人类的灾难，直接影响到人类的生存和子孙后代的幸福，因此全世界人民要行动起来，彻底禁止原子弹，保护世界和平。

中国佛教协会首任会长圆瑛法师曾说："我们既为佛子，当作佛事。什么是佛事？保卫世界和平乃是最大的佛事。"赵朴初遵奉圆瑛法师的遗训，以维护世界和平、推动中国与其他各国和平友好发展为建国之初佛协工作的重点，方便善巧而应机普摄，取得了非同凡俗的成绩。

留声印度

百年巨匠
Century
Masters
赵朴初
Zhao
Puchu

1956 年 3 月，赵朴初受印度菩提伽耶咨询委员会的邀请参加会议，这是他第一次访问印度。作为一个佛教徒，能亲往佛陀诞生成道的圣地参访，赵朴初心中的兴奋可知，此次印度之行也给他留下了美好的印象和回忆。

赵朴初一行于 13 日从昆明飞往加尔各答，抵达目的地后，受到飞行员以及一名印度医生邵夫特的真诚邀请，他们在家中准备了丰盛的食物迎接客人的到来，还主动请求陪同赵朴初等游览加尔各答市区。赵朴初感其厚谊，留下诗作回馈，并邀请他们在方便的时候回访中国。

赵朴初率中国佛教协会代表团访问加尔各答

菩提伽耶是释迦牟尼佛成道处，是印度佛教圣地中最重要而又保留最完整的地方。菩提伽耶的摩诃菩提寺始建于阿育王时代，玄奘记述的菩提树、金刚座和莲花池，也都存在于此。印度独立后，关于菩提伽耶的管理法案由当地政府提出，赵朴初此行就是参与讨论菩提伽耶圣地的修缮护持工作。

那烂陀寺是古代印度学术中心，久负盛名，中国唐代高僧玄奘曾在此留学求法。会议结束以后，赵朴初特意访问了那烂陀大学，期间正值新校舍落成典礼，赵朴初受邀在会上讲话，他代表中国佛教协会宣布，将于近期内将玄奘法师灵骨和他的全部译著赠送给那烂陀大学，立即赢得在场群众一片欢呼。

除那烂陀寺之外，赵朴初还参观了众多古迹，每到一处都留下诗篇。阿育王朝古都八纳城，佛祖居住时间最长的王舍城、弘法传道之地灵鹫山、战胜烦恼魔障而开悟成佛的圣地波罗奈城，以及泰姬陵、勒克瑙城、德里故皇宫，皆有吟咏：

八纳城

一

风云八纳旧名都，阿育王朝耀霸图。

留得恒河流不尽，平沙阔岸想规模。

自注：古称华氏城，阿育王朝古都，今为印度比哈尔省会。

二

当日巍峨百柱堂，僧房栉比拥坛场。

二千二百余年事，恍见群贤会十方。

自注：八纳郊外孔伯拉尔地方，掘得阿育王时建筑。石柱长二十尺，细滑如脂。有柱础百，础后有平台甚宽广，高二尺余，当为当日之大会堂无疑也。十余步外有屋址，浴室起坐更衣室，皆显然可辨。近处有方形屋址，内有砖砌佛座及供几，并掘得佛象。发掘工程仍在继续中。锡兰驻印高级专员语余：此当是阿育王结集三藏处。

王舍城

王舍城留旧石墙，显公久已叹空荒。

残碑卧地无人识，独托车痕溯渺茫。

灵鹫山

群峰环抱认灵山，惟有云泉日往还。

若信法筵犹未散，潮音花雨满人间。

访波罗奈城四首

一

万人晨起溶恒河，汲水持华拜湿婆。

傥为斯民增福德，此城赢得是三多。

自注：波罗奈为印度教圣城，大小寺庙千有五百。余年忏祷，嫠妇所依。施食推仁，慈乌所集。古来有三多之称。

二

黄金屋顶白银楣，额点猩红臂抹灰。

时见神牛当道立，屡逢委巷圣人来。

自注：游金庙所见。

三

此姓由来沦贱役，谁知神火有传薪。

熊熊河岸焚身处，赫赫宫墙虎作阍。

自注：亡者之家，遵教俗火化遗体，投骨灰于恒河，火种则取于一旃陀罗姓之人家。旃陀罗姓，近世称为不可触阶级，世为贱役。然此家因是积成巨富，高楼耸峙，与王宫并列。门前塑一虎，甚雄俊。

四

生长恒河左岸旁，饮恒河水葬河床。

恒河流出《罗摩衍》，千古恒河是道场。

自注：俗以住恒河左岸为吉，故左岸多峻宇重楼，而右岸无一椽之筑。《罗摩衍》，古印度史诗。至波罗奈城始知恒河与印度人民关系之密切。生养死葬宗教文化无不渊源于此河。

泰姬陵

冠冕南天有此陵，佳人何幸得佳城。

剧怜费尽万夫力，消遣君王后半生。

自注：泰姬，印度蒙兀儿朝王妃，死后，国王使工役二万人为陵，费时十二年乃成，至今为世界有名建筑之一。

浣溪纱·泰姬陵

玉殿疑看玉骨清，端严池影晚妆明。经年偿梦泰姬陵。　　长恨君王殉望眼，千秋月夜耀奇珍。佳人难得是佳城。

自注：泰姬，十六世纪印度皇妃，美而早死。帝为造墓宫，先后役工二万人，费时十余载始成。雕栏玉宇，宝石琼花，构造之美，镂刻之精，世罕其匹。来游者多喜于月夜中

《浣溪沙·泰姬陵》

观之，如明珠耀彩，夺人魂魄。帝晚年为子所幽，朝夕望妃陵自遣，终至失明而死。

勒克瑙城

义旗高举百年前，
掌大乌云竟蔽天。
今日经过神顿旺，
英雄碧血视红莲。

自注：一八六七年，印度人民爆发以德里与勒克瑙为中心之抗英大起义，实酝酿于一八六六年，农民士兵以传递莲花为信，誓灭英寇。当时英帝国主义驻印总督肯宁云："印度天空，也许只有手掌大的乌云，但可能扩大，甚至最后使我们在大雨中淹死。"

德里故皇宫

一

碧天遥衬赤城霞，玉宇惊看宝石花。

不是诗心兼匠手，庄严怎到帝王家？

自注：宫城以珠砂石为之，故名红堡。宫殿纯以大理石砌成，户牖栋梁，皆精雕细琢，壁柱以众色宝石嵌成花鸟图案，精美无比。

二

侈言人世有天宫，作雨为云显一龙。

来日天宫浑两样，无边乐事兆民同。

自注：清泉引入殿中，流注池内。帝后寝室相望，架银桥
以通。夏日，宫奴六十人一班，以竹管抽激池水令喷起作人
造雨。殿屋上有铭文云："人世有天宫，此即是，此即是，此
即是。"

赵朴初觉得，这次印度之行一来代表中国佛教徒参加有关佛教
圣地的护持工作，二来在参加会议和访问中与接触到的各国佛教
徒朋友都建立了良好的联系，虽然往返不过三星期，但可以称得上
"因缘殊胜"，至于诗囊满载，更是意外之喜了。

1961 年 3 月，赵朴初又一次出访印度，这次他是应邀参加世界和
平理事会会议，来自世界 60 多个国家 200 多名代表出席了大会。中
国代表团以廖承志、刘宁一为正、副团长，主要成员除赵朴初外，还
有周培源、金仲华等人。大会开幕前夕，恰逢泰戈尔诞辰 100 周年，
印度泰戈尔和平节新德里委员会举办了纪念活动，邀请各国代表与
会。廖承志素知赵朴初有诗名，便请他代表中国代表团出席纪念会并
发言。

纪念会如期开始，各国代表热情洋溢的发言将活动引入和平友好
的氛围。孰料，身为会议主席的印度科学和文化部部长卡比尔在发言
中，突然讲出一段极不友好、满含恶意的话来，他将矛头直指中国。
卡比尔不恰当的言论甫一出口，会场气氛陡然紧张起来，他的发言也
已严重违背纪念会本应赞颂泰戈尔对世界文化与和平事业所作贡献
的主题。

赵朴初自然明白，虽然当时中印建交已有 11 年，但两国矛盾一直

存在。1959年3月，印度总理尼赫鲁致信周恩来，提出了全面领土要求，不久，印方在边境挑起武装冲突；1960年4月，周恩来亲临印度首都新德里，主动与尼赫鲁谈判，但尼赫鲁态度强硬，谈判最终未能达到预期效果。

赵朴初参加过很多次国际大会，却从未遇到这样的情景，卡比尔作为印度官方代表和大会主席，故意在这样庄重而神圣的场合搞突然袭击，明目张胆地攻击中国政府、干涉中国内政，利用已故文豪泰戈尔的清名进行反华宣传，其态度之无礼令人无可忍受。会场此时嘈嘈切切，议论纷纷，几乎所有的人都把目光投向中国代表、投向赵朴初。此时，赵朴初大可愤怒离场，这是最常用的外交手段，也能表达一种不满和抗议，但他没有这样做，而是选择抓住主持者事先安排好的发言机会，而且放弃原来拟定的发言内容，即席批驳卡比尔。

在国际会议上，一般未经代表团领导同意，不许个人即席发言，但眼前的状况迫使赵朴初不得不打破国际惯例，给正在自鸣得意、窃喜不已的卡比尔迎头回击，他镇定自若地走上演讲台，用流利的英语做了一番精彩演讲：

> 各位代表，刚才这位主席先生的讲话很不公平，也不符合实际，甚至令人感到非常荒谬。而我们今天，正是怀着诗一样美好的心情，来纪念我们都无比崇敬的泰戈尔先生。如果泰戈尔还在，看到有人利用他的名字来攻击中国，破坏中印友谊，他一定会感到很难过，他一定认为是对他一种莫大的侮辱。如果泰戈尔还在，应当批评的不是我们，而是那些想在中国内政上插手的人。西藏是中国的领土，解决西藏问题是中国的内政。关于中印边界问题，中国人民一直希望能在和平共处五项原则基础上用谈判的方式得到解决……

卡比尔见势，几次想要按铃终止赵朴初的演讲，但都被外国代表制止了。赵朴初的演讲还在继续，掌声已如潮水般一次次涌来，各国代表无不钦佩他的沉着冷静，以及流畅的英文表达。赵朴初朝台下微笑致意，表示感谢，同时瞥见坐在主席台上的卡比尔已然皱起眉头，显出极不自然的表情。赵朴初继续说道："中国人一向珍重同印度人民的友谊，但是友谊必须建立在正义的基础上。歪曲正义地寻找友谊是寻求不到的。我相信绝大多数印度人民对我们是友好的，是主持正义的。但我们中印人民应当时刻警惕，不要让我们的友谊被人阻止与破坏……我想，如果泰戈尔还在，他一定会为今天的事件感到耻辱和愤怒的，他绝不允许有人利用他的名义，来破坏中印友谊……"

一番精彩的驳斥发表完毕，各国代表有的鼓掌，有的连连点头，有的竖起大拇指，卡比尔早已坐立不安，不一会儿便夹着公文包溜出了会场。

纪念活动结束，赵朴初立刻回到大使馆，向团长廖承志详细汇报了情况。廖承志听完拍案叫好，连声称快。其实，在卡比尔发表完不负责任的反华言论、会场上部分中国官员愤而离席后，一位中国驻印度使馆的秘书感到事态的严重性，就立即赶往代表团驻地，向未参会的团长廖承志汇报了此事。廖承志相信赵朴初处理突发事件的应变能力，但又考虑到事关大局，影响重大，反复斟酌仍不放心，便让秘书去唤回赵朴初，以便商量稳妥的对策——不过没等秘书赶到，赵朴初就已经走上了演讲台。

这次特殊的事件和经历在赵朴初心头萦绕很久，他称之为"力摧谬论"。有赖赵朴初的智慧和勇气，使挑衅者的言行变成自取其辱的行为，中国人民真诚渴望和平的心声也借此向国际社会再度申明。

盲圣敦邦谊

唐代的鉴真（688—763年）是著名弘法僧，他原籍广陵江阳（今江苏扬州），14岁时随父在扬州大明寺出家，后到洛阳、长安，屡从名师受教，除佛学之外，在建筑、绘画、尤其是医学方面，都有精深造诣。他最为世人称道的，是曾应日本留学僧之请，先后六次东渡弘传佛法，前五次遭遇各种不测未能成功，且不幸双目失明，但最后一次终于如愿抵达。鉴真在日本传法十载，弟子无数，不仅传播律学，同时还对日本建筑、雕塑、艺术和医药的发展作出特别贡献，促进了文化的传播和交流，对日本文化的影响广泛而深远，深受爱戴和景仰。唐代宗广德元年（763年），鉴真在奈良唐招提寺圆寂，后世尊其为"盲圣"，誉其为"天平之甍"，意谓鉴真的成就足以代表天平时代文化的屋脊和高峰，唐招提寺内至今仍供奉着他的漆像。

日本人民感念鉴真的功德，历代皆有隆重的纪念活动。1962年10月，日中文化交流协会访华时，赵朴初向理事长中岛健藏提出：中日两国是否可以在下一年共同举办纪念鉴真和尚逝世1200周年的活动？中岛健藏立刻表示支持，愿意促成两国友好人士的联合，共同纪念日本人民的这位"文化之父"。中方也作出了积极响应，中国佛教协会、中国人民对外文化协会、中国人民保卫世界和平委员会、中国美术家协会、中国建筑学会、中华医学会、中国史学会、中国文化艺术界联合会、中国作家协会等团体，联合组成了"鉴真大师圆寂一千二百年纪念筹备委员会"，推举赵朴初担任主任委员。

早在 1922 年，日本学者常盘大定寻访中国佛教史迹来到扬州平山堂法净寺（大明寺），就在此树立鉴真和尚遗址碑；1961 年 7 月，扬州市人民委员会文化部门和佛教界一道，在平山堂建立了鉴真大师纪念室。赵朴初在 1963 年 3 月走访瞻仰了鉴真住持传经的故地，填写出一首《梦扬州·访鉴真故居》以为纪念：

> 暮天开，望片云、江上飞来。振衣蜀岗，千古高踪长怀。当年舍身弘道，涉风涛、远渡蓬莱。奈良代，招提寺，风流懿矣休哉。　　两国宗师共推，算诗酒欧苏，只合追陪。明月扬州，多少雄姿英才。东风换却芜城面，报群功、挹注江淮。排险阻，津梁重任，留与吾侪。

两个月后，赵朴初率团抵达日本，代表中国宗教、建筑、医药、艺术各界参加纪念鉴真和尚的活动。在为期半月的访问中，赵朴初和代表团先后参观了奈良、宇治、京都、大阪、高野山、福井、身延山、镰仓、横滨、东京等地大寺院三十多处，以及工厂、学校、医院等场所，出席大小集会十多次，会见了佛教界以及其他各界朋友。日本佛教界德高望重的大西良庆长老在活动中发表了题为《日本佛教和日本文化的恩人》的演讲，高度赞扬了鉴真和尚对日本的贡献，赵朴初在参拜完鉴真亲手创建并长期住持的唐招提寺后，指出纪念鉴真的活动具有特殊的时代意义，他说："当年，鉴真和尚跨越无数险阻，为日本佛教和文化的兴隆发展奉献了毕生的精力，同时也为中日两国友好交流作出了贡献。回想起鉴真大师当年所经历

鉴真墓前的赵朴初题刻

的艰险，现在横亘在中日关系之间的障碍也就变得无足轻重了。我坚信中日友好交流之门一定会重新开启。"当时中日两国尚没有正式外交，虽然中国政府一再声明要促进中日两国邦交正常化，但日本方面阻力重重，赵朴初的发言借用鉴真的事迹，回顾了中日两国的交往历史，同时希望日本人民知恩报恩，克服困难，努力寻求正常外交与和平共处。

赵朴初访问结束后离开日本时，八十多岁高龄、双目失明的椎尾弁匡长老亲自赶往机场送行，赵朴初感动至深。细雨中，椎尾弁匡和中国佛教界友人一一握手惜别，分别之际竟不舍得松开双手。

1963 年 10 月 3 日，中国佛教协会举行"纪念鉴真大师圆寂一千二百年，祝愿中日人民友好法会"，刚刚参加完新中国国庆观礼的日本庆赞鉴真和尚访华佛教代表团成员，和北京佛教界人士三百多人，共襄法会。两天之后，首都佛教界、文化界、医药界在全国政协礼堂隆重集会，举行鉴真大师逝世一千二百年纪念大会，赵朴初在大会上发言，他说：

> 回顾鉴真大师的事迹，我们深刻地体会到：中日两国人民的友谊传统有着非常深厚而坚实的基础，不是任何自然障碍与人为障碍所能阻挠破坏的。一千二百年过去了。历史已经走过了很长的路程。今天的人民已经不是八世纪所能比拟。尽管我们又遇到了很多新的困难，各种各样的邪恶势力却在千方百计地企图破坏我们两国人民的团结友

1963 年 5 月，赵朴初率团访问唐招提寺

好。但我们的有利条件毕竟还是远远超过前人。如果鉴真大师在八世纪那样困难的条件下能够做出那么多、那么大的成绩，那么，我们今天的道路应该是何等的广阔，前景应该是何等的灿烂！我们高兴地看到这些年来，通过中日两国人民的努力，我们的友好往来和文化、经济交流，正在冲破重重障碍，获得了越来越大的发展，形成着一个新的高潮，这是一个十分可喜的现象。这对于中日两国的友谊和亚洲及世界和平是有很大帮助的。我深信，今后在两国人民继续不断的努力下，一定可以实现我们世世代代和平友好相处的理想。

纪念大会结束后，中日两国佛教界代表又于 10 月 15 日同往扬州，在法净寺（大明寺）为鉴真和尚纪念堂奠基，年近九旬的大西良庆长老冒雨铲土。赵朴初为鉴真纪念碑撰书碑文，后镌刻并安放在纪念堂前：

公元一千九百六十三年，为我国唐代律学高僧、日本追谥过海大师鉴真大和尚入寂二十周甲之岁。中日两国佛教、文学、艺术、医药各界人士共同倡议隆重纪念，自春徂秋，气求声应，香华礼敬，称赞功德，阐为论著，播以咏歌。十月，复集会于大师生前行化所居大明寺故址、今扬州法净寺，用申崇敬景慕之忱。大师以中华之耆彦，弘大法于扶桑。其东行也，排众沮，冒风涛，跋涉十年，终成始愿。其施教也，体大规宏，纲目毕具，建戒坛以立僧本，启台学以开义门。伽蓝营构，雕绘工巧之外，兼及于艺文医药，此皆盛唐文化之菁华，中土千年涵育之所成就。大师孜孜矻矻，尽其形寿，一一以传播于彼邦。魏晋以来，中日人民互助友好之宿愿，乃得以圆满实现，自是厥后，两国文明，互注交流，繁荣滋大如双星并耀于东亚之太空者，垂千余年。大师辛勤辟创之遗泽，岂唯百世不斩而已哉？降及今时，人文丕变，森漫沧海，已化康庄，而虎兕奔衢，转有塞门荆棘之叹。迩年以来，两国人民嘤鸣求友，多方努力，在中国则上下一致，揭和平之旌旗；在日本则万众奋兴，排横加之干预。道义往还，后先踵武，摧魔破暗，正气日彰。大师志业之将发扬于未来者，其可量耶？

爰树贞珉，以光先德，既志胜缘，并资策励。遂为颂曰：

惟我大师，法门之雄。三学五明，乘桴而东。

志绍南岳，愿酬长屋。坚心誓舍，头目手足。

五行五止，缘集辄散。既遇黑风，复遭王难。

鉴真大和尚逝世一千二百周年纪念委员会主任委员赵朴初谨撰并书

睿竟不返，师亦丧明。百折百赴，终胜波旬。

十年跋涉，十年教化。恩斯勤斯，根深树大。

巍巍鲁殿，灿灿奈良。庄严庙像，俨然盛唐。

台赖以昌，律赖以立。枝叶广敷，光采四溢。

右军书法，道子经变，青囊之传，金堂之建。

惟师之泽，等施两邦。怡怡兄弟，历劫增光。

千二百年，道久弥信。分同唇齿，义无隙衅。

鼓舌张罗，鬼忌人和。虽云异代，险阻实多。

破浪排关，往来济济。携手同仇，论心同理。

铮铮佛子，作如来将。共战魔军，道义相尚。

师之志行，如兰益馨；师之功业，与世更新。

书鉴真纪念碑碑文

　　东徂西行，俱会一处。震大雷音，击大法鼓。

　　以昭先德，以策来兹。同天风月，万世埙篪。

　　峨峨蜀冈，大明故址，堂陛是谋，招提在迩。

　　勒石追远，发愿陈辞，慧灯无尽，法云永垂。

　　鉴真大和尚逝世一千二百周年纪念委员会主任委员赵朴初谨撰并书。

　　时隔一千多年，唐代的鉴真再次成为推动中日文化交往的力量，同时给予两国人民无尽的信心和启示。从1963年5月到1964年5月，日本各地开展了许许多多纪念鉴真的活动，形式多样、内容丰富，鉴真好像在民间复活了，这一时期也被日本佛教界和文化界称为"鉴真年间"。赵朴初于其时频繁地出访日本，极大地促进了中日佛教界的友好交流，是"鉴真年间"形成的第一推手，他以超凡的智慧和毅力突破了当时特殊国际环境的限制，克服种种困难，把和平与友谊的种子带到日本，把希望播撒在日本民间，为加强中日两国友好、实现两国邦交正常化作出卓越的贡献。

　　赵朴初通过纪念鉴真推动中日友好进程的工作并不止于此，"文化大革命"结束后，他还促成了"鉴真回国探亲"。

　　1978年4月，赵朴初访问日本唐招提寺时参拜鉴真墓，当时和森本孝顺长老商议迎请鉴真法像到中国做一次巡展。唐招提寺供奉的这尊鉴真干漆夹纻坐像，重12公斤，高0.9米，与身等长，是日本现存的最古老、最逼真的人物塑像杰作，被奉为国宝，它在日本是定期开放的，而且每次开放的时间都很短，非开放时间如遇特殊情况需要展示，必当得到日本天皇的恩准。1979年，赵朴初和邓颖超等一同访日，再次来到唐招提寺，确定了鉴真回国"探亲"的具体计划和安排。

　　1980年4月14日，天朗气清，惠风和畅，运送鉴真法像的专机抵达上海虹桥机场，赵朴初亲往迎接。法像稍后被移入一辆六轮全部装有"液力减震器"的专车上，当专车驶抵瓜洲古渡并徐徐登岸后，夹道欢迎的群众奏响乐曲，锣鼓声响彻渡头。

专车一路驶往鉴真故居大明寺，这里曾在乾隆巡幸扬州时被改为法净寺，赵朴初为之恢复了原名。奈良东大寺清水公照长老难以抑制心头的激动和欢喜，他即兴朗诵了一首日本俳句。翻译人员不熟悉这种文学形式，难以准确表达，这时赵朴初出来解围，用意译的方法将之唱出：

> 遍地菜花黄。盲目圣人归故乡。春意万年长。

俳句的格式是一共十七个音节，三句，首尾各五，中七，每首需点出季节。用汉文写俳句，始于赵朴初的这首作品，此后，他经常为一些日本友人创作汉俳，诗坛也为之注目，汉俳自此逐渐漫及南北。

鉴真像在扬州大明寺展出七天，期间瞻仰人数近 20 万。4 月 25 日闭幕那天，参观者人如潮涌，就连公安人员都难以维持秩序。赵朴初没有想到扬州市民对鉴真这样有感情，很受触动，他写下一首《金缕曲》以纪盛况：

> 像在如人在。喜豪情、归来万里，浮天过海。千载一时之盛举，更是一时千载。添不尽、恩情代代。还复大明明月旧，共招提两地腾光彩。兄与弟，倍相爱。　番番往事回思再。历艰难、舍身为法，初心不改。"民族脊梁"非夸语，鲁迅由衷感慨。试瞻望、是何意态。坚定安详仁且勇，信千回百折能无碍。仰遗德，迎风拜。

这首词后来被铭刻在唐招提寺内鉴真墓前的围壁上，记录了中日一段跨越千载的文化交流史，也记录了赵朴初这位"当代鉴真"的独特功勋。

恢复刻经，助兴佛教

百年巨匠
Century
Masters
赵朴初
Zhao
Puchu

1971 年林彪坠亡后，周恩来、邓小平等领导人开始着意扭转"文化大革命"所造成的混乱局势，力推一些被打倒、迫害、受冤屈的老干部出来恢复工作。1972 年 9 月，赵朴初应邀出席了周恩来主持的欢迎日本田中角荣首相访华的招待宴会，他在宴会上欣喜献词：

廿年填海功深，忆群朋。赢得今朝欢宴一堂同。　　　兄与弟，千秋意，万年红。待赏春光华雨又和风。

这首词调寄《相见欢》，词如其调，真可谓是"相见欢"。而"文化大革命"期间的另一次"相见欢"，则是赵朴初陪同周恩来会见赵元任夫妇。1973 年，中美关系正常化刚刚起步，著名语言学家、美籍华人赵元任与夫人杨步伟携全家回国探亲 —— 这是他们自 1938 年赴美后，第一次返回家国。

5 月 13 日晚上，赵朴初刚刚吃完饭，突然接到周恩来打来的电话，说想见见他。赵朴初从周恩来的口气中知道，一定有什么重要的事情等待处理，他坐车以最快的速度赶到人民大会堂。到达后，赵朴初看见早已等候的周恩来，郭沫若、周培源、竺可桢、黎锦熙、吕叔湘、丁西林、肖贤法等学术界和文化界知名人士也在场，原来他们将在这里会见赵元任一家。周恩来猜想，会见时杨步伟可能会问及她祖父杨仁山创办的金陵刻经处的现状，因而特意请来熟悉情况的赵朴初。

金陵刻经处是近代杰出佛教学者杨仁山创办的佛经刊刻中心和佛学研究中心。清同治五年（1866 年），杨仁山移居南京，参与当时的城市重建，面对遭受浩劫的江南净土，杨仁山不胜悲凉，他深感只有佛典广为流通，方能弘法利生。从此杨仁山发愿经营刻经事业，他与志同道合者十余人募捐集资，创办了金陵刻经处。后来，刻经处迁至杨仁山位于常府街的家中，又转迁至花牌楼（今太平路）一带。光绪二十三年（1897 年），杨仁山把在延龄巷的住宅 60 多间并宅基地 6 亩余捐给刻经处，作为永久刻印经像、收藏经版、流通佛经的场所，为弘扬佛法、研究佛学、推动佛教事业复兴作出巨大贡献。杨仁山热心搜求各类佛教典籍，先后从日本和朝鲜等国寻回约 300 种国内早已散佚的隋唐佛教著述，加以刊刻流布，使得三论宗、慈恩宗、华严宗等佛教宗派教义复明，更振兴了近代唯识学，他所创办的僧学堂培育了欧阳渐、太虚、章太炎、谭嗣同等近代史上许多赫赫有名的人物。

13 日晚 9 时，赵元任全家受到周恩来隆重接待，宾主寒暄之后，杨步伟果然问及金陵刻经处近况，周恩来向他们介绍了赵朴初。赵朴初对杨步伟说："我们在 19 年前就成立了'金陵刻经处护持委员会'，由我任主任委员。不久前，总理还批示同意了我们关于要求将刻经处归还佛教部门管理的请求。"杨步伟十分感激。赵朴初又说："当年太虚大师临终时以著作相付，嘱我护持佛法。如此，我大约可算仁山居士的再传弟子了。"

周恩来当场答应赵元任杨步伟夫妇，要尽快完全地恢复保护金陵刻经处，并请赵朴初带赵元任和杨步伟到南京去现场看一看。

次日，赵朴初陪同赵元任夫妇前往南京金陵刻经处视察。见到满目疮痍的刻经处，杨步伟难受极了，她对赵朴初说："赵会长，刻经处这个样子，以后可实在要多多劳烦您。我们年纪大了，时日无多，可能没有机会再回来看了。"赵朴初点点头，他看到眼前的刻经处，也看到"文化大革命"带给中国佛教的巨大打击，杨步伟的嘱托和这里令他不忍复睹的境况，是他此后奔走疾呼努力恢复佛教的重要动力。

在"文化大革命"后中方第一次邀请外国佛教巡礼团访华的欢迎仪式上，赵朴初曾对一位友人说："中国有十亿人口，其中一定会出现复兴中国佛教的人才。我对中国佛教的未来毫不悲观，复兴佛教大有希望。"他的态度使听者为之动容，他也以实际行动为复兴佛教努力着。

赵朴初提出，弘扬佛法离不开场所，为此佛协应协助政府制定文件，明确寺院管理体制；及早确定全国重点寺院名单，恢复、收回和修整一些著名寺院。在赵朴初和一些佛教界人士的呼吁和建议下，国务院先确定了140多所重点寺庙，抢先恢复。

1977年11月，赵朴初在致时任中央统战部部长乌兰夫的信中指出："随着我国社会主义革命日益深入，社会主义经济和文化建设日益发展，宗教已经有所削弱。但在现阶段上，宗教还远未消灭。'四人帮'违反毛主席的教导，'过早地代庖丢菩萨'，其结果，地下的（也有公开的）宗教活动相当普遍，而他们插手最深的地区，宗教活动以及民间迷信反而十分活跃。事实绝不像他们所宣布的那样：'宗教已经消灭，寺庙仅仅是博物馆。'他们的说法和做法，违反了党的政策和策略，不利于党对宗教的工作，更不利于当前的国内、国际统一战线工作。面对当前现实，仅从对外工作的角度来看，宗教今天还应当看做是一个渠道，以争取和团结广大国际友人，共同参加反帝、反殖、反霸斗争。这不是哪一个人的主观设想，而是由于客观现实所决定的。基此，我们在宗教工作上，也应有较全面、较长期的安排。"

赵朴初站在党和国家的立场考虑问题，为推动佛教劫后重生、实现佛教的复兴贡献着智慧。可以说，他既是佛教界得力的政治代言人，也是可以帮助党和政府落实宗教政策的佛教领袖，除他之外，没

百年巨匠
Century
Masters
赵朴初
Zhao
Puchu

有人能够在新形势下如此强有力地护持佛教、带领佛教徒开创中国佛教发展的新局面。

此后，赵朴初不断进言。面对当时全国各地寺庙管理体制极度混乱，文物、园林、旅游乃至外事部门纷纷插手，僧人遭受排斥的现状，他心急如焚，多次上书建议将全国那些国内外有影响的寺庙由国务院确定为"宗教活动场所"，在主管宗教事务的部门领导下由佛教徒自行管理。1980年，赵朴初在全国实地考察过之后，痛心地说："1954年民委主管宗教事务时，宣布全国佛教寺庙约五万所，现在的寺庙数量只有这个数字的五百分之一左右。这批宗教活动场所必须赶紧确定下来，由佛教徒在政府主管宗教事务部门领导下自行管理。这对于贯彻宗教信仰自由政策，加强各族人民的团结和国际统战工作都会是很有效、很有利的。"

在赵朴初的呼吁和奔走下，杭州灵隐寺、南京灵谷寺和镇江焦山定慧寺最先恢复。紧接着，一些著名寺院纷纷恢复重建。赵朴初想：宗教界迎来这样一个春天不容易，一定要尽快努力，把寺院都恢复起来。从那时起他大部分日子都在外面度过，夫人陈邦织也一直陪在身边，对此，之后她回忆："开始的时候我不大愿意跟他一起去，有人就说我糊涂，现在不愿意跟他去，万一他有什么事情要叫我去都来不及。就这

1974年，赵朴初夫妇在国清寺隋梅前

百年巨匠
赵朴初
Century
Masters
Zhao
Puchu

1974 年，赵朴初夫妇在杭州

样我就一直都跟他走了。"此后，赵朴初踏遍神州各方土地，参访各处名山大川，身边时时刻刻都有陈邦织的陪伴，再累也不会感到孤独，经过十年磨难耳朵重听的他也有了一个随身而又贴心的"助听器"——对于这位慈祥和蔼、备受尊敬的老人，也只有夫人可以贴着他的耳朵大声喊话。

1979 年元旦，赵朴初梦到了太虚大师。醒来时他想起最后一次见到大师的情景，又想到大师生活学习过的南京金陵刻经处，还想到六年前自己陪杨步伟、赵元任到那里视察时看见的情景。赵朴初意识到，宗教恢复，需要经书，当年杨仁山居士也正是出于这样的考虑发愿创立刻经处的，现在是恢复寺院的起步阶段，刻经处必须先行一步。

一天早晨，金陵刻经处管委会主任管恩琨被人叫醒，赵朴初这时正在西大厅等待听取刻经处的情况介绍。管恩琨赶紧起床来到西大厅，他看到赵朴初正在吃早饭：三片炸馒头、一碗稀饭、一碟小酱菜。赵朴初招呼管恩琨坐下，让他说说困难。

管恩琨考虑，国家百废待兴，需要用钱的地方太多，这时候找赵朴初要钱无异于给他出难题，但刻经处确实太穷，吃饭都成问题。赵朴初了解完情况后点点头，表示会尽力想办法筹集资金。不久后，管恩琨拿到了第一笔款项，立刻开始对刻经处进行全面恢复，将刻经版一块块地整理抢救出来。之后，他又在赵朴初的启发下尝试性地搞起自养，要回外流的土地，盖成招待所进行出租。招待所第一次出租就收到了 60 万元，资金日渐充足，刻经处也恢复生机。

1979 年 8 月，第三届世界宗教者和平会议在美国普林斯顿召开。以赵朴初为团长的中国宗教代表团一行与会。这是赵朴初第一次到美国，他看着异于东方的风物人情，格外兴奋，写下了"大鹏奋翼九万里"的诗句。大会结束后，赵朴初特意到旧金山拜会赵元任夫妇。

故友在异域相见，自然分外亲切，87 岁的赵元任开车下山买来招待的物品，90 岁的杨步伟亲自下厨。赵朴初把金陵刻经处的恢复情况向两位老人做了详细汇报。杨步伟十分高兴，对赵朴初说："多亏了总理和您的关怀与鼎力支持，我们总算是放心了。今年我过 90 岁生日，我曾对亲友说，大家送给我的寿礼，我全部捐给金陵刻经处。我还在考虑如何寄回、寄到哪里呢，想不到赵会长的法驾到美国来了。"她回房取出 2000 元美金交给赵朴初，请他将这笔资金用于金陵刻经处的重建。赵朴初感念他们对佛教事业的关心襄助，合十鞠躬，郑重接下这笔资金。

回到国内，赵朴初马上将杨步伟托付的经费交给金陵刻经处的负责人。在后来为金陵刻经

金陵刻经处工作人员整理经版

处撰写的重印经书因缘略记里，赵朴初写道：

> 清末石埭杨仁山居士发宏誓愿，创办金陵刻经处，首刊
> 《净土四经》，以饷国人。近世佛教昌明，义学振兴，居士之
> 功居首。解放后，赖政府之扶植与善信之檀施，刻印之业，蒸
> 蒸日上。惜十年浩劫之中，备受摧残，刻工星散，经板凌乱。
> 四凶既除，华夏重光，宗教信仰自由政策重得落实，刻经处亦
> 复兴在望。而仁山居士之孙女杨步伟、孙婿赵元任伉俪，以
> 国际知名学者，寄寓海外，瞻怀宗邦先人遗业，鼎力支持，刻
> 经事业之恢复，为助实多。

金陵刻经处首先重印经书三种：杨仁山刊印《净土四经》为近代佛教重光之始，今时仍由刻印此书用以象征"法运更新之始"；《百喻经》当年由鲁迅施资刻印，1981 年正值鲁迅诞辰 100 周年，故印行以为纪念；杨仁山作为金陵刻经处的缔造者和有功于近代佛教发展的学者，其遗著也在首印的计划之中。

看到刻经处发展得越来越好，赵朴初高兴极了，他知道，佛教复兴有望，刻经处恢复得这样成功，佛教学术和佛教文化的发展也会走上光明的坦途。

百年巨匠
赵朴初
Century
Masters
Zhao
Puchu

人间佛教

　　虽然中国佛教协会在 1972 年就恢复了工作，但直至 1978 年十一届三中全会以后才开始正常运作。在 1980 年底召开的第四次全国佛代会上，赵朴初当选为中国佛教协会会长，他指出，当前佛协的任务就是要针对极"左"路线造成的恶果和流毒的影响，协助政府拨乱反正，从多方面具体落实宗教政策。落实宗教政策，需要体现在宗教立法上，赵朴初提出 20 世纪 80 年代宗教工作的三件大事，是继续落实政策、进行体制改革和加强法制建设。重燃工作热情的赵朴初在整个 80 年代，进入了这样的状态："不辞险阻与艰难，长征万里雄心在"；"学业天人日日新，无穷智力勇兼仁"；"良朋四海看携手，共为人间保太平"。他再度不知疲倦地奔忙起来，足迹不仅遍及国内各地，更远涉重洋、行遍四大洲，广泛参与、影响和主导了国际宗教界的深层次交流。

　　对于佛教界来说，赵朴初不仅是中国佛教协会的缔造者，更是新时期佛教发展的探索者和领导者，他提倡和践行"人间佛教"思想、建立佛教与政治新型关系，使佛教与社会主义的当代中国相适应，无疑有"重光""振兴"之功。

　　1983 年，中国佛教协会召开四届二次理事会，赵朴初作了《中国佛教协会三十年》的报告，正式提出"人间佛教"是当今社会主义中国的佛教徒提倡的一种核心思想。

　　什么是"人间佛教"呢？赵朴初通过长时间的思考、理解和实

象教東流垂二千載 犀賢纘緒 傳燈繼代
神州鼎革 滌瑕存粹 盛世勝緣 創設佛會
各族緇素 水乳交融 愛國愛教 行願深宏
煌煌慧業 靄靄慈雲 五洲四海 共結芳鄰
奉負仔肩 時凜冰淵 光流雲涌 彈指卅年
仰我同道 齋發大心 闡揚聖教 利樂有情
中國佛教協會成立三十周年紀念獻詞 題 樸初

《中国佛教协会成立三十周年纪念献词》 1983 年

践，作出过一番详细的阐释，他在《佛教常识答问》一书中说："佛法博大渊深，不易为人们所了解接受，但也不能一概而论……佛法有深浅程度不同的各种法门，有适应各种根基的修持方法，各乘、各宗、各派都有引摄世间的教法，适合一般人的需要，是合理契机的。"合理契机的"人间佛教"思想，其基本内容包括：五戒，即不杀生、不偷盗、不邪淫、不妄语、不饮酒；十善，即远离杀生、偷盗、邪行、妄语、两舌、恶口、绮语、贪欲、嗔恚、邪见；四摄，即布施、爱语、利行、同事；六度，即布施、持戒、忍辱、精进、禅定、智慧等。这些都是"自利利他的广大行愿"。赵朴初说："提倡人间佛教思想，就要奉行五戒、十善以净化自己，广修四摄、六度以利益人群，就要自觉地以实现人间净土为己任，为社会主义现代化建设这一庄严国土、利乐有情的崇高事业贡献自己的光和热。"

赵朴初在著作和讲话中谈到，"人间佛教"是原始佛教本来就有的思想，佛经中记载佛陀曾自言："我身生于人间，长于人间，于人间得佛。"《大智度论》也说："一切资生事业悉是佛道。"大乘讲究积极入世，是一种"行动式"的修习。

其实，"人间佛教"这一由来有自的思想，除对原始佛教经义和中国佛教禅宗思想传统以及中国儒家"士"文化有着直接的继承外，还在一定程度上吸收了西方基督教和马克思主义的思想观念。西方文化史上一向有"静

书"人间佛教"

观的人生"和"行动的人生"二分，随着世俗化的进程，西方知识分子逐渐与自居为"精神贵族"的希腊哲学家们相疏离，他们强调对公共事务的关心而放弃了对理论的重视，作为救世的宗教，基督教特别强调对世界的"转化"，就文化和社会的使命感而言，教士往往成为"社会的良心"。至于说"人间佛教"的思想受到马克思主义的影响，也不无根据，在《论费尔巴哈纲领》中，马克思有一段名言："哲学家们只是用不同的方式解释世界，问题在于改变它。"马克思认为，一切现存唯物哲学的主要缺点在于持"静观"的方式看待真实的事物，费尔巴哈在古代哲学家的精神笼罩下，故而重视理论而轻视实践，其基本态度是"静观的"而不是"行动的"。因此，马克思主义哲学强调思想理论，更强调实践作为。赵朴初据以提出，佛教徒首先是中国的公民，公民必须热爱、维护社会和国家，"人间佛教"最重要的就是要佛教徒积极参加社会实践，重视国土因缘、报国土恩，其次就是要加强学习、重视学习、努力学习，只有学习才能够弘扬佛法，才能够利益众生，才能够保护宗教的纯洁，才能够发扬佛教的优良传统。赵朴初关于"人间佛教"内涵的阐释，从某种意义上将佛教徒和中国传统的"士"、西方现代意义上的"知识分子"划上等号。

太虚大师的"人生佛教"观念，给赵朴初以很多启示。他对"人生佛教"作了这样的诠释：

> 世界三大宗教，以佛教教义博大精深，最适合人类实际生活之道德，足以补科学之偏，息战争之祸，以维持世界的永久和平与幸福。佛教的本质，是平实切近而适合实现人生的，不可以中国流传的习俗习惯来误会佛教是玄虚而渺茫的；于人类现实生活中了解实践，合理化，道德化，就是佛教。人生，不论古今中外的宗教贤哲，总是教人为善，与人为善，

向上进步以养成完美的人格；增益人类共同的生活，以求安乐、和平。佛教于充实人生道德，极为注重，人生佛教尤以此为基本。我们应依佛的教法，在人类生活中，把一切思想行为合理化、道德化、佛法化，渐渐向上进步，由学菩萨以至成佛，才是人生最大的意义与价值。

太虚大师坚信，离开人间另求净土不是大乘净土修习的目的，他强调要凭借每个人的清净之心，共同努力，逐步地转变恶浊世界为人间净土。他的"人生佛教"思想配合了"人间净土"的提出、推行和实现，以人类为中心，以人生为基础，重视现实的人生，以如何做一个好人为思想核心，目的在于成就人格。太虚大师的思想深深地影响了赵朴初，他在圆寂前对赵朴初的劝勉，成为赵朴初一生倡导、践行"人间佛教"的重要因缘。

在强调"人间佛教"这个主体思想之外，赵朴初还提出要坚持发扬中国佛教的三个优良传统，分别是农禅并重的传统、学术研究的传统和国际友好交流的传统。在此后的几十年中，佛教界围绕发扬这三大优良传统开展工作，寺院经济得以发展、僧团自身建设得以加强、国际影响力得以扩大。

与此同时，赵朴初还特意在阐发"佛教文化"概念的基础上，进一步提出和强调"宗教是文化"和"佛教是文化"的命题，他在许多场合不断提到三个人对佛教的看法：毛泽东、钱学森、范文澜。这三个人分别代表了政治、科学、文化的立场，他们都承认佛教是文化，这对赵朴初提倡"佛教是文化"、批驳"佛教是精神污染和精神鸦片"等错误观念，提供了全面的、最好的证据。

1987年4月23日，赵朴初倡建的中国佛教文化研究所在北京广济寺成立，研究所定期发行《佛教文化》杂志，这可视为赵朴初将

百年巨匠
Century
Masters
赵朴初
Zhao
Puchu

1959 年，中国佛学院第一期学习班结业典礼合影

"佛教是文化"理念化为行动。赵朴初常常对人说："我们的俗语当中来自佛教的相当多，如果我们要完全撇开佛教文化的话，恐怕连话也说不周全了。"在他的主持下，中国佛教文化研究所编辑出版了十分畅销的《俗语佛源》，让广大读者们认识到佛教对语言、文化、生活的深度介入。

赵朴初还一贯重视佛教徒的学习和佛教人才的教育培养，早在中国佛教协会尚未成立的 1953 年 8 月，他就撰文强调学习的必要性和重要性，认为"学习是今天佛教工作的中心环节"。1957 年 3 月，在代表中国佛教协会第一届理事会所作的工作报告中，赵朴初又提出，为了发扬佛教优良传统，当务之急，首在培养人才、提倡学术，佛学院的宗旨则是培养热爱祖国、拥护和平、具足正信、能发扬佛教优良传统的僧伽人才。"文化大革命"结束后，佛协工作回到正轨，赵朴初一方面劝导佛教徒要善于学习、难学能学，一方面提醒管理者要注重佛教教育工作，从20世纪80年代到90年代，他一直呼吁有关方面要对佛教人才培养工作给予关注和支持，因为"佛教工作最重要最紧迫的事情是培养人才"，他指出：

《中国佛学院四十周年题词》 1996年

中国佛教在新的历史时期和殊胜外缘下，正处在承先启后、继往开来的历史性转折关头，而佛教人才基本上还处于青黄不接的状况。所以，培养出足够数量的合格、称职的佛教人才就成为实现历史性转折的关键。否则，承先启后、继往开来都会付之东流。

培养人才，培养继承传统、顺应时代、德才兼备的合格的佛教事业接班人这一历史使命，落到了老一辈大德长老、诸善知识们的肩上。我们如果认识不到这一历史使命的重要性和紧迫性，从现在起不把主要的精力、财力投入到佛教教育事业这方面来，就有负于佛祖和古德，对不起后人，就会犯无可弥补的历史性错误。

百年巨匠

赵朴初

Century
Masters

Zhao
Puchu

　　高瞻远瞩的赵朴初从佛教长远发展的角度考虑，认为佛教人才教育培养刻不容缓，人才建设是佛教加强自身建设的核心和关键。通过学习，佛教徒不仅有了佛学基础知识，而且对于自己所处的时代有了正确的认识，各地佛学院也在佛教徒水平普遍提高的情况下，有了具备高学历、高素质的人才，能够积极开展学术研究、服务社会。

　　赵朴初提倡"人间佛教"，更以自己的人生务实地践行。他以佛陀的言教为准则，行菩萨道，把爱国和爱教紧密联系在一起。六祖《无相颂》云："佛法在世间，不离世间觉；离世觅菩提，恰如求兔角。"赵朴初每与人说起"人间佛教"，常会谈及这首颂语，还多次将之书写成条幅，送给宗教界、文化界的朋友以及普通信众。在赵朴初的内心深处，他就是这样看待佛法的，这也是他人生道路上重要的指导思想。

第四章 ——滴水片石

赵朴初曾将文学当成用来批判丑恶的工具，因此常常选用比较俚俗和口语化的曲来进行创作。他觉得诗歌的「美」与「刺」两个方面的功能不能偏废，后来反思，这类讽刺之作「究非大雅」。

赵朴初的书法，秀逸中见端庄，潇洒中见法度，娟秀而不失之纤弱，潇洒而不失之放诞，深受人们喜爱。他主张书法要和学问、文化结合，自己对此身体力行，年逾九十仍研习探索不辍，终能再开新境。

雅什民谣相会处

1961 年 12 月，赵朴初第一次将自己的作品结集出版，取名《滴水集》，他在序言中说："解放以前，我很少写诗，常常几年得不到一首。更难得写词。"诗集的最后收录了 15 首"解放以前作"，均为格律诗，以存其早年之作片羽。其中，一组题为《杂诗》的十首怨刺作品很见性情：

其一

万里长城万里长，长城万里耀金汤。

防胡不若防黔首，毕竟今皇胜始皇。

自注：蒋介石使胡宗南拥重兵于陕西，以封锁八路军，号称新万里长城。

其二

大事化小小事无，此道如今信不诬。

战伐由来申扑教，六师子弟是萑苻。

自注：皖南事变发生，蒋介石发表谈话，狡言所为乃申家教，今后新四军已不存在，所余皆匪。

其三

萑苻尽是可胜诛？布局真成合狩图。

妙语听来堪泪堕，虏奴携手舞于衢。

自注：某报漫画，蒋日两猎户共猎一虎。又某外国报社评云："从今东京与南京可以携手在大街上跳舞矣。"

其四

燕丹傥识求民听，何用求轲刺政为？

太息后人况愈下，杀鸡宰犬尽要离。

自注：指蒋介石派至上海之特务暗杀活动。

其五

财倾中国滋复滋，籍通美洲时乎时！

富贵有种奇不奇？父耶和华祖仲尼！

其六

父耶和华祖仲尼，轩辕之裔其馁而。

有客惊喜走相告，为君家宰洛杉矶。

自注：有留美博士回国十余年，潦倒不得志，一日忽喜告其友曰：近得好差使，到美国去为孔祥熙经理私人财产。

其七

男儿沙场能杀贼，无可奈何疥与虱。

如何不作孔家兵？肌理细腻裈白洁。

自注：有战地服务团向孔祥熙请款为战士衣服消毒除虱。孔云："他们何不知清洁卫生？你看我的警卫兵，有没有虱子？"

其八

雷震阴霍气一伸，危言真见骨㠏岣。

休嗟触忌嗔丞相，虢国夫人势绝伦。

自注：为得罪蒋孔而失自由者作。

其九

遮面依稀媚态存，浔阳老妓诉烦冤。

缠头轻换逾墙耻，掩鼻谁看刻骨痕？

自注：汪精卫作词自解，有"刻骨伤痕未是伤心处"之语。

　　　　　　其十

　　　　买妓原非当妄看，

　　　　长愁亲友不相关。

　　　　如今好学夫人相，

　　　　来往西家有二难。

自注：德意两国承认汪精卫伪政府。

　　怨刺是中国古典诗歌重要的功能和传统，孔子曾说："诗可以兴，可以观，可以群，可以怨。"这十首杂诗就是刺虐、刺贪、刺社会丑恶现象的佳构。赵朴初也写过很多抒发个人情怀的诗作，但自1940年代以来，由于投身革命和社会活动，他关注最多、感慨最深的，还是时局和民生；新中国建立后，赵朴初在很长一段时间里，有意识地把文学创作特别是韵文写作，与批判帝国主义者、修正主义者和讽刺投机政客结合起来，为了达到最好的传播效果，他特地选用更为俚俗、更加口语化的曲为主要创作文体，寓嬉笑怒骂于其中，生动巧妙地揭示问题，辛辣无情地鞭挞批判对象。

"变化有鹏鲲"诗

　　赵朴初的这种创作思想和探索，受到章士钊、王昆仑等诗文名家的赞赏和推崇，章士钊题诗称誉，赵朴初为填一首《金缕曲》答谢：

奖许惭文藻。几曾能蝉清旧曲，莺流新调？浅涉藩篱唐与宋，偶试元人令套。知变化鲲鹏有道。雅什民谣相会处，认前途要把榛芜扫。忘鄙拙，且研讨。　江山无尽供吟稿。十年来荡胸五岳，骋怀八表。万紫千红争烂缦，不弃凡花小草。敢道是时言乐笑？滴水傥能呈海味，庆东风鼓吹何辞闹？谨拜手，愿承教。

词中"变化鲲鹏有道"，典出《庄子·逍遥游》："北冥有鱼，其名为鲲。鲲之大，不知其几千里也。化而为鸟，其名为鹏。鹏之背，不知其几千里也。"杜甫《泊岳阳楼下》亦有句云："变化有鲲鹏。"赵朴初强调了文体之"变"，从唐诗到宋词再到元曲，古典韵文有一个逐渐俗化的趋势，但雅俗之间的分野又不那么明显，雅什民谣自有它们的相会之处，应具体看内容和形式怎样结合。这首词的下片里"时言乐笑"，出自《礼记》："时然后言，人不厌其言；乐然后笑，人不厌其笑。"赵朴初用这段话表明诗词的美刺要适机、得体，这样才不致因文体之俗而使作品的艺术性和思想性弱化、俗化。在《滴水集》的序言里，赵朴初还写道：

随着世界形势的迅速发展，祖国建设的突飞猛进，自己见闻的增广和兴会的鼓舞，我写的诗歌在数量上比以前似乎也有了一个跃进。记得一九五一年在大明湖望千佛山，曾有两句诗："可得十年树花木，千红万紫拥朝阳？"十年来，祖国在各方面所树的花木，何止千红万紫？我的这一点点作品，如果也可以算作是一枝小花小草的话，那完全是伟大的时代，伟大的祖国所培养的。

正像《金缕曲》词中所写那样，"万紫千红争烂缦，不弃凡花小草"，《滴水集》虽然被赵朴初视为普普通通的一滴水，但这滴水之中能"呈海味"，佛教说一粒沙中看世界，《滴水集》不仅从一个侧面展示了赵朴初自己的创作成果和理念，也反映了一个时代的文学风貌。

赵朴初诗才特出、诗名卓著，在整个 20 世纪 60 年代创作了不少有关时事的诗词曲，其中以《某公三哭》影响最大。多年以后，很多人回忆起新中国成立初期的诗词新作，首先就会想到赵朴初的《某公三哭》。

1963 年 11 月，赵朴初参加全国政协三届四次会议，会议期间传来一个重大国际消息：美国总统约翰·肯尼迪遭枪击身亡。听闻此事，赵朴初在震惊之余想到，那个一心想向美国靠拢的苏联领导人尼基塔·赫鲁晓夫获悉肯尼迪之死，此时该会有什么样的心情呢？他边想边写，边写边想，不久就写出了一首题为"尼哭尼"的散曲来：

尼哭尼〔秃厮儿带过哭相思〕

我为你勤傍妆台，浓施粉黛，讨你笑颜开。我为你赔折家财，抛离骨肉，卖掉祖宗牌。可怜我衣裳颠倒把相思害，才盼得一些影儿来，又谁知命蹇事多乖。　真奇怪，明智人，马能赛，狗能赛，为啥总统不能来个和平赛？你的灾压根儿是我的灾。上帝啊！教我三魂七魄飞天外。真是如丧考妣，昏迷苦块。我带头为你默哀，我下令向你膜拜。血泪儿染不红你的坟台，黄金儿还不尽我的相思债。我这一片痴情呵！且付与你的后来人，我这里打叠精神，再把风流卖。

写完之后，赵朴初把《尼哭尼》抄给少数几个关系亲近的朋友看，大家都觉得巧妙，纷纷传抄。所谓"尼哭尼"，是说尼基塔·赫鲁晓夫哭肯尼迪，曲子用代言体，即模拟他人的心理和话语写作，这在元曲中较为常见。《秃厮儿》是诙谐的北曲越调，因赫鲁晓夫秃顶，故赵朴初特意选用这个曲调，更增谐谑之意，《哭相思》则是凄惶的北曲商调，讽刺赫鲁晓夫希望跟美国合作是单相思。"秃厮儿带过哭相思"表示前面用一个《秃厮儿》曲调，后面接上一个《哭相思》曲调，说明《尼哭尼》是小令里的带过曲，即两个音调相近的曲调合在一起构成的散曲。

1956 年苏共二十大之后，中苏两党产生了不少分歧，赫鲁晓夫从追求同美国平起平坐、共同主宰世界的外交战略出发，一心想把中国纳入他的战略体系，并对中国不断施压。毛泽东此后也不再争取同苏联维持友好关系，他认为作为修正主义者的赫鲁晓夫正逐步或迅速靠拢以美国为首的"世界反革命联盟"，应当予以批判。

康生看到《尼哭尼》后，认为这首曲子是"把严肃的反修斗争庸俗化"，他立刻报告毛泽东，想告上赵朴初一状。谁知毛泽东一读之下，哈哈大笑，抚掌叫好，把赵朴初和这首曲子大大夸赞了一番。康生见状，连忙调转船头附和了几句。

1956 年，尼赫鲁向赵朴初等赠送礼品

1964 年 1 月，印度总理尼赫鲁在布巴内斯瓦尔召开的国大党年会上突然中风瘫痪，四个多月后心脏病猝发去世。在尼赫鲁执政后期，由于国内局势不稳，他为转移国内视线，悍然陈兵中印边境，蓄意制造武装冲突。赵朴初获悉后想，曾经发表声明支持印度、为之提供军火的赫鲁晓夫，这时内心感受又会如何？他揣摩着赫鲁晓夫的心理，写出一曲《尼又哭尼》：

　　　尼又哭尼〔哭皇天带过乌夜啼〕

　　掐指儿日子才过半年几，谁料到西尼哭罢哭东尼？上帝啊！你不知俺攀亲花力气，交友不便宜，狠心肠一双拖去阴间里。下本钱万万千，没捞到丝毫利。实指望有一天，有一天你争一口气。谁知道你啊你，灰溜溜跟着那个尼去矣。教我暗地心惊，想到了自己。　　"人生有情泪沾臆"。难怪我狐悲兔死，痛彻心脾。而今而后真无计！收拾我的米格飞机，排练你的喇嘛猴戏，还可以合伙儿做一笔投机生意。你留下的破皮球，我将狠命地打气。伟大的、真挚的朋友啊！你且安眠地下，看我鞠躬尽瘁，死而后已。呜呼噫嘻！

书赠赵酬《某公三哭》横幅　1965 年

《尼又哭尼》写完后不到半年，赫鲁晓夫被他的学生兼党内同志勃列日涅夫赶下台，但此时苏共在国际共产主义和对中国的问题上并无多少改变，奉行的是一条"没有赫鲁晓夫的赫鲁晓夫主义"。赵朴初又写成一首与前两曲稍有不同的《尼自哭》：

尼自哭〔哭途穷〕

孤好比白帝城里的刘先帝，哭老二，哭老三，如今轮到哭自己。上帝啊！俺费了多少心机，才爬上这把交椅，忽叫我一筋斗翻进阴沟里。哎哟啊咦！孤负了成百吨的黄金，一锦囊妙计。许多事儿还没来得及：西柏林的交易，十二月的会议，太太的妇联主席，姑爷的农业书记。实指望，卖一批，捞一批，算盘儿错不了千分一。哪料到，光头儿顶不住羊毫笔，土豆儿垫不满砂锅底，伙伴儿演出了逼宫戏。这真是从哪儿啊说起，从哪儿啊说起！　说起也希奇，接二连三出问题。四顾知心余几个？谁知同命有三尼？一声霹雳惊天地，蘑菇云升起红戈壁。俺算是休矣啊休矣！眼泪儿望着取下像的宫墙，嘶声儿喊着新当家的老弟，咱们本是同根，何苦相煎太急？分明是招牌换记，硬说我寡人有疾。货色儿卖的还不是旧东西？俺这里尚存一息，心有灵犀。同志们啊！还望努力加餐，加餐努力。指挥棒儿全靠你、你、你，要到底，没有我的我的主义。

《哭途穷》是完全出于新创的曲调，赫鲁晓夫在《尼自哭》里被刻画成一个自我怜悯的孤家寡人，赵朴初还模拟他的口吻，揭露了新当权者的真实嘴脸，既与前两首曲子构成呼应，又对赫鲁晓夫的一生作了概括和评价。

1965年初，中共获悉苏联部长会议主席柯西金访问越南途中将

《某公三哭》首发于 1965 年 2 月 1 日《人民日报》

在北京停留，毛泽东马上把赵朴初的三首曲子要来，将标题改为《哭西尼》《哭东尼》和《哭自己》，并取了一个《某公三哭》的总题，建议由《人民日报》发表，以"作为给柯西金的见面礼"。2 月 1 日，《某公三哭》正式刊登在《人民日报》上，中央人民广播电台也于同天在"新闻和首都报纸摘要"节目中由播音员朗诵播出。中央台播送诗文，这是从来没有过的事情，可见《某公三哭》强烈的政治性和毛泽东对它的看重，就这样，赵朴初的名字传遍了千家万户。

闲情与幽梦

　　1966 年"文化大革命"开始，红卫兵和造反派视各种宗教为大敌，中国佛学院于 8 月 15 日被撤销，中国佛教协会被停止一切工作和活动。作为揪斗对象的"牛鬼蛇神"，赵朴初和正果、法尊等一起，在广济寺的后跨院里被监管劳动、政治学习连续三个月。

　　监管劳动期间，赵朴初从事劈柴、扫厕所、拾粪、抟煤球等体力活，不但如此，还要每天接受红卫兵小将的批斗。在这样的环境里，赵朴初仍泰然处之。回顾中国历史上的数次政治运动和灭佛运动，正气没有因之消弭，佛法依然光耀人间，赵朴初不仅自己不气馁，还给同志、友人送去温暖的话语，不断鼓励他们坚强地活下去。

　　时届严冬，赵朴初被安排抟煤球。这年他已是个花甲老人，却还

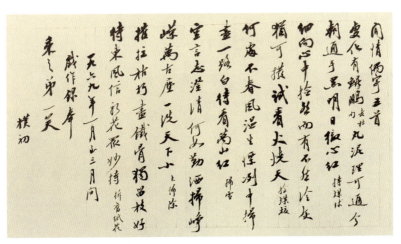

《闲情偶寄》五首　1969 年

要经历凛冽寒风的侵袭、承受体力严重透支的长时间劳作。赵朴初默默无言，一边劳动一边体验，他将每样事都写成一首小诗：

变化有鲲鹏，丸泥理可通。今朝通手黑，明日彻心红。（抟煤球）

细向心中捡，然而有不然。冷灰犹可拨，试看火烧天。（捡煤核）

何处不春风，温生凛冽中。扫尽一路白，待看万山红。（扫雪）

空言志澄清，何如勤洒扫？峥嵘万古尘，一洗天下小。（大扫除）

摧拉枯朽尽，铁骨独留枝。好待东风信，新花众妙持。（拆旧纸花）

这五首诗总题为《闲情偶寄》，从题目就可以看出，赵朴初带着一种天真达观的态度去面对困境。他找来纸笔，将五首诗抄录出送给佛协教务部主任陈秉之，作品中的字体秀雅，肥瘦错落，均朝右上方倾斜，字与字之间多有牵带，富有韵律感和流动感。陈秉之读完后颇为感动：别人写"劳动改造"的文字多是发泄心中的愤懑，这也无可厚非，但赵朴初却没有半点牢骚，对国家的前途充满信心，其境界实非一般人可比。

监管劳动期间，赵朴初的身体每况愈下，他本有心脏病等多种疾病，此时病情加剧。不久后，周恩来得知赵朴初的境况，下达了保护指令，赵朴初终于得以离开被监管了三个月的"坚牢"。面对这场史无前例的运动和它所造成的破坏，智慧的赵朴初也不禁感到有些迷茫。

从广济寺被放回后，赵朴初想，既然不能思考、写作、发表议论，那就等

友人探病时为赵朴初夫妇留影

百年巨匠
赵朴初
Century
Masters
Zhao
Puchu

恢复健康后，锻炼好身体。从此，闲居家中的赵朴初就和周围的"小朋友"一起健身，他打了个床板，缝两个棉布的口袋，每天做俯卧撑，周围的孩子看着觉得好奇，赵朴初让他们也跟着做。有次，赵朴初看见保姆林嫂的女儿和几个伙伴在打板羽球，忽然抢过拍子就要和他们一起玩，孩子们不肯让，和他抢起来。赵朴初把拍子高高举起，孩子们抢够不着，急得乱蹦乱跳。赵朴初哈哈大笑，和孩子们逗了一会儿就把拍子交还了，对他们说："运动好，你要多多地打球，把身体锻炼好。"

赵朴初慈悲和善，许多人把赵家当做一处避风的港湾，他们在这里谈话交心、畅所欲言。很多家在上海的同事的孩子，周末也常常聚到赵朴初家中，他们在这里聊天、做游戏、运动、读书、写字，甚至谈恋爱，在他们看来，百无禁忌的赵家就是个"理想国"。赵朴初和陈邦织没有子嗣，但他们打心眼里喜欢年轻人、喜欢孩子，所有来这里居住的人都是这个家庭的成员，这里始终充满着快乐和温馨，尚未完全恢复行动自由的赵朴初夫妇，也靠听年轻人聊天来了解一些外面的情况。

一天，书法家林林和报人袁鹰来到赵朴初家中看望他。见老友来访，赵朴初十分高兴。清茶一盏，纵论时局，怀念故友，臧否新贵，这些看似稀松平常的事情在那个风雨如晦的特殊年代，并不易得。谈到高兴处，赵朴初取出一张词稿请两人批评，那是一首《河满子》，题为"东山"：

> 悄悄非关多病，三年不见东山。花事绸缪风又雨，更兼蜂妒莺谗。终信晓珠天上，照他红艳千般。

林林、袁鹰对诗词和古典文学都很有研究，他们一看就懂了，主客心照不宣。"悄悄"二字出自《诗经·邶风·柏舟》里的"忧心悄悄，愠于群小"，显然用以指斥当时暗中攻击周恩来的江青等一伙宵小之

《河满子》手稿之一　　　　　　　　　　　　　《河满子》手稿之二

辈,"东山"也出自《诗经》中为周公而作的一首诗,在此即指赵朴初"三年不见"的周恩来。赵朴初相信,凄风苦雨的残酷岁月终将过去,暖阳将像佛光一样,照彻大地。

1970年下半年,赵朴初的健康状况更糟糕了,有时发病长达六七个小时,数十年如一日的素食生活并没有帮他逃避掉高血脂、高血压的侵害,心脏病偶然突发也令他防不胜防。赵朴初这时也不敢参加剧烈运动了,只是打打太极拳、散散步,以及每天以临池练字、抄写诗词来养气,以念诵《心经》来定神。在病痛中面对劫难的赵朴初,仍尽可能地护持佛法,保护家人和朋友,坚持不乱说自己、不乱说别人,并用生花梦笔去抒写胸中的善与美。

在一首作于"文化大革命"期间的《临江仙》词中,赵朴初记述了一场特别的梦:"夜梦江上有巨舟载云旗鼓楫而过。舟中男女老幼皆轻裾广袖,望若神仙。中有一人,似小时无猜之友,方欲招之与语,忽空中落花迷眼,转瞬舟逝,怅然久之,醒作此词以志异。"词云:

不分相逢悭一语,仙舟来去何因?弥天花雨落无声。

花痕还是泪？襟上不分明。　　信是娟娟秋水隔，风吹浪涌千层。望中缥渺数峰青。抽琴旋去轸，端恐渎湘灵。

诗词名家叶嘉莹曾得到一份赵朴初为之抄录的这首《临江仙》，她读过之后，虽叹为佳作，但不知其意蕴何指。叶嘉莹觉得，词的特色本是"缘情造端，兴于微言，以相感动"，可以假借"风谣里巷男女哀乐"之辞，来表现"贤人君子幽约怨悱"之情，也许赵朴初此词有什么委曲的喻托，对此她也并未进一步探询。后来叶嘉莹看到赵朴初的自注和他人的介绍，才知自己的推测果然不错。此词其实并非纪梦，而是纪"文化大革命"之实，当时赵朴初不少故人遭迫害致死，他不便明言，只好假托梦境填词以吊。直到"文化大革命"结束后，赵朴初在一些场合提起这首词时，才点破个中深义，"弥天花雨落无声"是为主旨，至于"望中缥渺数峰青""端恐渎湘灵"等句，系用钱起《省试湘灵鼓瑟》"曲终人不见，江上数峰青"语典，暗指江青。对于赵朴初词中表现出的那种兴于微言的"幽约怨悱"之境，叶嘉莹极为欣赏，而她更钦佩的，是诗词背后隐含的悲悯与关怀。

1971年，赵朴初又一次写到梦。梦中有花，因花得诗，非常曼妙，这首诗的手稿至今留存：

一九七一年一月廿四日凌晨，梦周建人同志赠花一束，云是中南海荷叶所变。视其状不类荷花而颇似芍药，明艳如霞。时有数人在座，余即席赋诗，欲为七律，甫得首四句而醒，因续成之。

蓬莱水浅手重携，醇朴渊渊是我师。

明月旧归留海阁，奇花今日出天池。

倘能变化丹青笔，畅写江山壮丽诗？

梦觉何分周与蝶，大风回荡起予思。

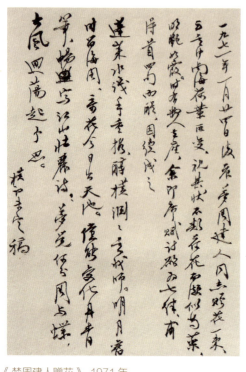

《梦周建人赠花》 1971 年

年老多梦，本是正常现象，但赵朴初在梦中能写诗，这是一奇，醒来尚能记下梦中所写诗句，这是二奇，将四句诗续足成律，这是三奇，是故诗中所见之花，必然是"奇花"。虽然后两联为梦醒后补续，但诗意并无滞碍，观其手迹，也是一气呵成，笔意贯通、文气淋漓，许多自然的连笔令墨迹更有劲健飞动之感。结合诗文内容来看，这幅墨迹似乎又更多了一层梦境的迷幻，让人不觉想到苏轼《永遇乐》词句："明月如霜，好风如水，清景无限"，"古今如梦，何曾梦觉，但有旧欢新怨"。结句既见哲思，又有哀而不伤的愁绪和沉思，意味深长。

细品这幅特别的诗稿，每字"促其中宫，展其大画"，上下字间多连笔，方圆并见，草意极强，速而不滑，自在随意之态尽露。前序中的文字，依照自上而下的主轴，形成左右各呈流盼之姿的不可拆分的整体，而每个字的伸展性几乎被放到最大，整幅书法也呈现出一种天马行空的不羁气象，洵为佳制。

爱憎分明

袁鹰回忆，赵朴初的诗词历来爱憎分明，充塞着一股浩然正气，这个特色在写于"文化大革命"岁月中的作品里更加鲜明。赵朴初后来出版《片石集》时，特意选用了带刺的玫瑰作为书封图案，就是表示"鲜花送英雄，针刺刺敌人"。

1971 年的"九一三事件"震惊中外，直到 10 月上旬过后，林彪叛逃并坠机身亡的事件才从党内到党外逐步传达。听惯了"文化大革命"中对林彪的正面宣传，许多人乍闻消息，说什么也不敢相信，还有人因为一时反应不过来、接受不了，精神上出现了问题。赵朴初得知此事，既未大喜过望，也没有怀疑不安，而是写下一首早已酝酿好的《反听曲》：

听话听反话，一点也不差。"高举红旗"，却早是黑幡一片从天挂。"公产主义"，原来是子孙万世家天下。大呼"共诛共讨"的顶呱呱，谁知道，首逆元凶就是他！到头来，落得个仓皇逃命，落得个折戟沉沙。这件事儿可不假，这光头跟着那光头去也！这才是，代价最小、最小、最小，收获最大、最大、最大！是吗？！

他还写有另一首《反听曲》，用来讽刺"文化大革命"中权势遮天的陈伯达：

听话听反话，不会当傻瓜，可爱唤作"可憎"。亲人唤作"冤家"。夜里演戏叫做"旦"，叫做"净"的恰是满脸大

《变色龙》 1971年

黑花。圣明的王侯偏偏要称"孤"道"寡"，你说他是谦虚还是自夸？君不见"小小小小的老百姓"，却是大大大大的野心家，哈哈！

陈伯达曾假惺惺地责骂"文化大革命"中的几员"骁将"王力、关锋、戚本禹是"小爬虫"，又慷慨激昂地高呼还有"变色龙"，要将之追根到底。结果庐山会议上，陈伯达自己被揪了出来，罪行被印成"内部文件"下达，赵朴初阅后写诗称快："当年捉到小爬虫，慷慨激昂攘臂起。高呼还有变色龙，说要追根追到底。三年露出龙尾巴，原来就是你自己。"

随着林彪集团的覆灭，深受打击的毛泽东开始静下心来认真反省"文化大革命"，紧接着，军委办事组撤销、"二月逆流"获得平反、周恩来重新主持中央日常工作。1975年1月，周恩来在四届人大一次会议上带着重病做《政府工作报告》，代表们对总理报告中提出的现代化目标寄予了无限希望，现场爆发出持续时间极长的热烈掌声。出席大会的赵朴初不仅在会场见到许多历经大难、死里逃生的久别老友，更在周恩来的报告中预知到又一个风云时代即将来临，他由衷地欣喜快慰。

做完报告后，周恩来会见了与会代表，他坚持与每一个人握手。

当见到白发苍苍的赵朴初时，周恩来想起二十年前曾与赵朴初讨论过他"赵朴老"这一雅号的由来，那时的赵朴初四十多岁、容光焕发，而今却是年近古稀的老人。他握住赵

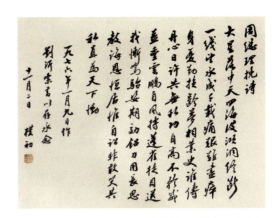

《周总理挽诗》 1976 年

朴初的手，轻唤了一声："赵朴老！"赵朴初望着周恩来遍布老斑消瘦无比的面庞，心中既感动又酸楚，还没来得及跟周恩来说话，就被后排等待握手的代表推着往前，离周恩来越来越远。

1976 年 1 月 8 日，周恩来病逝。赵朴初听闻噩耗，泪洒如雨，周恩来是他最敬重的领导人，对他一贯眷顾有加。恸哭之余，赵朴初拿起笔来，写下挽诗，此际也唯有以文字寄托自己的哀思：

大星落中天，四海波澒洞。

终断一线望，永成千载痛。

艰难尽瘁身，忧勤损龄梦。

相业史谁传？丹心日许共。

无私功自高，不矜威益重。

云鹏自风抟，蓬雀徒目送。

我惭驽骀姿，期效铅刀用。

长思教诲恩，恒居惟自讼。

非敢哭其私，直为天下恸。

挽诗极为沉郁，渗透着赵朴初满腔的哀思，"云鹏自风抟，蓬雀

徒目送"更表达了他对"四人帮"的鄙视。果然,"四人帮"对吊唁周恩来下了各种禁令,戴黑纱、戴白花、设灵堂、开追悼会等行为均不允许。然而这些倒行逆施的做法没能制止民众自发地哀悼总理,从1月9日起,人们制作了各种各样的花圈,摆放到人民英雄纪念碑前,几天后,碑座上的花圈放满了,一直放到天安门广场,周围的树木上也都挂满了小白花。1月11日,当周恩来的遗体送往八宝山火化时,北京市民不顾阴冷的寒风,肃立街道两旁,向他们敬爱的总理作最后告别。那段时间,赵朴初写了大量悼念总理、讽刺小丑的诗词,它们深受喜爱,广为传播,清明前后天安门悼念周恩来的现场,随处可见赵朴初的作品。

清明次日,群众发现悼念花圈和标语全部被搬走,"四人帮"甚至在此时发出"抓反革命"的命令,群情一时无比激愤,当晚爆发冲突事件,引发全国大范围的抗议运动。赵朴初耳闻目睹之后,意不能平,难以入睡的他坐在灯前,又写出一首《木兰花令·芳心》:

> 春寒料峭欺灯暗,听雨听风过夜半。门前锦瑟起清商,
> 陡地丝繁兼絮乱。　　人间自古多恩怨,休道芳心轻易换。
> 等闲漫道送春归,流水落花红不断。

"灯暗""雨""风""夜""锦瑟""清商""芳心""流水""落花",这些意象无不显得凄凄惨惨戚戚。起调两句化用自吴文英《风入松》词,点明时间是在清明,也以"春寒""风雨"象征政治气候,"灯暗"喻周恩来逝世,"夜半"谓当时局势处在黎明前的黑暗时期,"丝繁""絮乱"借用李商隐《燕台》句意,既写广场上起变仓促,也写出这颠倒错乱的历史时刻人们心头的天昏地暗之感,末句则反用南唐李后主《浪淘沙》词意,说明春天并未归去,人间追求真善美的步伐是不会止歇的。

1976 年 10 月，"四人帮"终于倒台，一时间万姓胪欢，举国上下洋溢着浓烈的喜庆气氛，赵朴初也感到无比的畅快和愉悦。在一次参观完故宫举办的慈禧罪行展览后，他用一首套曲《故宫惊梦·江青取经》，揭批江青一心想当女皇的野心，将

赵朴初夫妇在"文化大革命"后期

她丑陋嘴脸刻画得入木三分，嘲讽其"一枕空欢喜"，最终"梦魂儿被风吹得无踪迹"。

没过多久，三起三落的传奇人物邓小平主持工作，赵朴初心头的喜悦不言而喻，他借为赖少其《万松图》题诗之机，欢呼邓小平的复出和新时代的到来：

着意画万松，天矫如群龙。

千山动鳞甲，万壑酣笙钟。

中有一松世莫比，似柳三眠复三起。

眠压冬云八表昏，起舞春风亿民喜。

喧天爆竹是心声，共助松涛争一鸣。

枝扫氛霾光焰焰，骨凌霜雪铁铮铮。

为梁为栋才难得，老不图安身许国。

日月光华泰岱高，愿松长葆参天色。

《万松图》 1977 年

　　73 岁的邓小平像是"三眠复三起"的苍松，赵朴初同样如此，他在"文化大革命"中接受改造，被污为"大黑手"，又在纪念周恩来、撰写悼诗时差点成为抓捕的对象。年届古稀的赵朴初看到拨乱反正的良机出现，他不禁跃跃欲试，准备为国为民发挥更大的热能——"老不图安身许国"，既是赵朴初赞颂邓小平，也是他在勉励自己。

《片石集》

    赵朴初的第一本诗集《滴水集》由作家出版社印行，此后所作诗、词、曲等，大多发表在报刊上，他自己并未录存稿本，一些零笺片纸也都散失殆尽。1977 年，赵朴初出版《永怀之什》，这本诗集专收咏怀毛泽东、周恩来、朱德等领导人的作品，并不包含此类主题之外的诗词。

    拨乱反正以后，人民文学出版社邀请赵朴初再印行一本诗词集，集中呈现一下近十几年的创作状况。赵朴初感于出版社和编辑的热忱，专门挤出时间搜集旧作，还多方联系了很多师友故交，拜托他们把当时自己写赠的诗词抄录一份转来，最后统一增补甄汰，编订为《片石集》。赵朴初谦虚地说："对于一个求索者的我来说，倘能在这漫漫修远的道路上做一片铺路的小石头，即使将被车轮碾碎，终究能

《滴水集》

《永怀之什》

《片石集》

起一点垫脚的作用，也还是可以欣幸的。"1978 年 4 月，王府井书店正式发售《片石集》，首印的 20 万册遭到抢购，两天以后即不可再得。

赵朴初为《片石集》写有一篇很长的前言，回顾了自幼以来的创作经历，特别探讨了有关诗歌的雅俗之辨和新旧之辨，并和读者分享自己尝试革新的经验。赵朴初称，在探索的道路上遇到过问题，碰过壁，有时也曾陷入过苦闷与彷徨，最后还是从《在延安文艺座谈会上的讲话》中得到启发和鼓舞，他努力用毛泽东的文艺理论指导诗文创作，自感认出了一些努力的方向。赵朴初认为，《讲话》的精神大约有两点标准：第一是内容与形式的统一；第二是在普及的基础上求提高，在提高的指导下求普及，也就是必须使群众能够接受和乐于接受，又不应当使群众长久停留在目前的接受水平。但赵朴初自言只是主观设想，是否能做和如何去做，则还要留待在实践中去考察，他说：

> 新中国成立以来，社会主义事业的突飞猛进，广大人民的意气风发，时时都鼓舞着我，鞭策着我。可惊、可喜、可歌、可泣的人和事，不断在内心中引起了强烈的激情，愈来愈觉得非倾吐出来不可。要倾吐出来，就必然要接触到诗歌语言的形式问题，而这一问题则是颇不简单的……我还是逐渐倾向于多采用我国诗歌的传统形式，即五、七言的"诗"，长短句的"词"，和元明以后盛行过一时的"南北曲"。我觉得这不完全是出于个人偏好，更不是出于厚古薄今或倒退保守，而是从实践效果中初步得出的一个假设性的结论。

赵朴初表示，希望酌采传统的诗体，即诗、词、曲的形式，在"解决群众的需要"问题的同时，也"借此提高一般群众对诗歌语言的接受水平"，同时为创造将来新诗格局寻找途径，这似乎也符合"古为今用"的方针，算作"推陈出新"的工作。他还进一步分析了诗歌的语言特征以及不同韵文之间的分别：

诗歌与散文有一个很大的差别，就是诗歌要求有节奏，有韵律（不是韵脚），这是只有适当地运用每个民族的语言特征（即语音、语调等等）才能取得的。语言特征是一个民族在社会生活发展过程中自然形成的，可以随时代的迁流而变化，但绝不能硬性割断或任意强加。过去各种诗体，大致都起于民间，其音调之和谐总是先由人民大众于无意中取得，经过一定时间不自觉的沿用，著为定式，这就产生了所谓的"格律"。格律可以突破，可以推翻，但推翻之后又必须有新的格律取而代之，而此新格律的形成，仍然要根据语言的特证，仍然要经过酝酿孕育的阶段，并且谁也没有把握何时可以诞生，更不用说长大成年了。

在我国古典诗歌中，五、七言这一体裁的历史特别长，持续绵延近二千年，有盛有衰，但从未中断，直到今天仍然活在一些作者的笔下和广大群众口头。从古典文学中后起的词曲里，从发自民间的山歌、俗曲、鼓词、唱本里，都可以看出五、七言的成分隐然占有很大的比重。这一事实，我觉得不应忽视。

"词"与"诗"的分界，有种种不同的说法。与"五、七言诗"比对，其间逐渐演化递嬗的迹象，还是看得出来的。词的优点是短长句交错使用，节奏上增加了新的变化，在音调上引进了新的谐和。其缺点是篇幅固定，不容增减；句型固定，似宽实严（所以称之为"填词"）。因之，除小令之外，对于一般群众似乎反而不像五、七言诗那么熟习、易懂、易学。尽管如此，"词"毕竟突破了五、七言整齐单调的框框，易于取得圆转流利的效果。并且牌调数量极大（总数上千，常用的上百），捡择的余地很宽。譬如做编织组绣的工作，既然有着这么多经过精心设计的现成图案，我觉得，在没有足够多、足够美的代替方式以前，又何妨有选择地使用一下呢？

在 20 世纪 50 年代到 70 年代，赵朴初常常选择曲的形式来创作一些和政治主题相关的谐谑、讽刺类作品，对于如何认识这种艺术形式和文体特点，他做了详细的讨论：

"曲"和"词"一样来自民歌，后来与音乐和舞蹈相结合，成为我国古典戏剧的主流，占据我国舞台最少达七、八百年之久，从 19 世纪起，它才逐渐退出舞台，因而也就脱离音乐舞蹈，和"词"一样成为仅供案头欣赏（最多是朗诵）

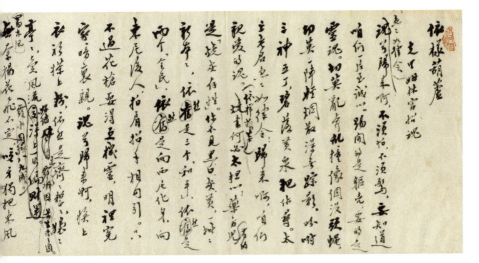

《依样葫芦曲》 1965 年

的一种文学品种了（所谓"昆曲"，起于晚明，已不能代表"曲"的全部面目）。

　　作为诗歌品种，"曲"有不少优点。第一，它兴起较晚，脱离群众的时间也不太长，因而比较接近现代人的情感与语言，具有较大的吸收力，可以从更广泛的范围内汲取各种新的辞汇乃至表达方法，而不至过于扞格。其次，由于它是应用于舞台的，须要如实地刻画各个社会阶层的人情世态，逼真地摹拟各种人物的神气、口吻，因之可以更自由地使用一切足以取得预期效果的各种表现手法与作风，而不受正统教条的束缚。例如，所谓的尖新、刻露、俚俗、泼辣等等，在"诗"与"词"里是被视为瑕疵，引为禁忌的，在"曲"中则不仅容许，反而认为"出色当行"。这确是一不小的解放。第三，"曲"不仅在句型上突破了"诗"的整齐单调（仅指典型的五、七言），并且突破了"词"的字数限制（自由使用衬字）；甚至在调型上也相当灵活，突破了"词调"的句数限制，许多曲调的句数可以顺着旋律的往复而自由伸缩增减。作者长说短说、多说少说，随意所向。第四，"曲"，除了供演出使用的剧本外，另有专供阅读的"散曲"。"散曲"有一调独立的"小令"和数调组合的"套数"。"小令"可以是单章，也可以是联章，"套数"可长可短，可多可少，可以异调组合，也可以同调叠用（以"前腔"或"幺篇"表示）。作者可以随自己的方便，或作速写式的即兴小品，或作畅所欲言的宏篇巨制，伸缩幅度很宽，可以适应各种题材、各种时地的需要。

另一方面，"曲"也有其特殊的限制，那就是所谓"曲律"，有一些"律"甚至严过诗与词。首先，南曲与北曲（这是乐理上两个截然不同系统）的牌子，不能混用，混用了就如京韵大鼓中插入一段苏州评弹。同一南曲或北曲中的不同"宫调"（相当于现时乐谱中的ABC……等调）的牌子不能混用，混用了就如二簧中夹几句西皮（有所谓"借宫"，但非行家不办）。假如要求更高、更细一点的话，麻烦就更多了。例如在关键地方字

《天净沙·过拉脱维亚共和国首都梨珈》

音的升降急徐（即平仄）必须与唱腔的高低转折相适应，于是同一平声还要分"阴"与"阳"，同一仄声还要分"上"与"去"（北曲无入声），如此等等。但是我觉得，这一切问题都由"配乐"而起，为了便于歌唱，提出这些要求，未尝不无理由。如果只是把"曲"作为一种诗体，不再演唱，即不再"配乐"，则"合律"问题也就自然消失（即使演唱，那也将是按词谱调，成为作曲家的工作去了）。只须照顾到一般平仄，使读来顺口，听来入耳，似乎就可以通得过了。根据上述各个优点，我认为，"曲"作为我国的一种传统诗歌形式，还是颇有可为的。对于创立我国的新诗歌，还是可以起帮助作用的。

事实上，赵朴初很晚才对写曲发生兴趣，1959年出访拉脱维亚时，他随手带了一本元曲选集《太平乐府》在飞机上阅读，看完后便试着写了几首小令，回国后也用写曲来庆祝党和国家的大典，反响不错。

在创作的过程中，赵朴初细心体察和分辨曲与诗、词的巨大差异，他发现，曲更适合作为愤怒声讨的工具，因此凡欲写作"那种嬉笑怒骂、痛快淋漓、泼辣尖锐的风格"的作品，无不借用于曲，这是他对文体形式和内容之间关系的深入探索。同时，他还创造性地改易了古人自度曲的涵义，因时、因事及各种现实的需求，制作大量新曲。传统文体形式在新的社会环境中会自然改变，赵朴初自己的创作实践，也推动了这一改变。由于对曲颇为偏爱，赵朴初还努力为其"正名"：

"曲"在我国传统文学中常被贬为不登大雅的"小道"，甚至被斥为伤风败俗的"淫词"。官修正史始终不肯给予一点地位。这固然是旧时代卫道之士们的偏见，但也必须承认，过去的曲作者也有应负之责。从元明留存下来汗牛充栋的曲作品中，消极、颓废、污秽、荒唐的东西盈篇累牍，剔不

百年巨匠
赵朴初
Century
Masters
Zhao
Puchu

胜剔，数量大大超过诗与词。他们自己不尊重自己，又哪能得人尊重？这是由于曲的兴盛时期大部分正处在我国封建社会趋向腐朽阶段，是社会败坏了"曲"，而不能说是"曲"败坏了社会。连正统五、七言诗也未完全幸免，更何况本来就是流行"市井"的"曲"？我们今天谈继承遗产，必须严格区分其精华与糟粕，对于"曲"，尤其应当如此。为了对青年负责，此点必须郑重提出。

赵朴初很早就提出，诗歌的"美"与"刺"两个方面的功能不可偏废，但又感叹，此类"俳谐体"的"讽刺之作，究非大雅"，故晚年曾与其内弟陈邦炎多次谈及，对早年集中所收作品应有所删汰。2003年4月，收录赵朴初各体韵文1985首、对联279副的《赵朴初韵文集》由陈邦炎编定出版，作品就内容区分，主要有七个方面，第一类便是为时、为事而作的篇什，这些韵文有不少是自度曲，寓政治批判于嬉笑怒骂之间，口语化较强，但"今典"颇多，不无隐晦，现实意义很强，不妨视之为"新乐府"。但参照《片石集》会发现，其中不少"俳谐体"作品最终未见录于《赵朴初韵文集》，这也从侧面反映出赵朴初文学审美和政治观念的变化。

赵朴初在书房写作

陈毅是著名的将军诗人，和赵朴初是诗词同好，赵朴初曾写过两首《清平乐》咏陈毅下围棋，很得陈毅的认可和赞赏，他们两人也常会一起交流如何作诗，《片石集》里有一首长诗谈诗歌改革的问题，即以陈毅招谈启篇：

> 十二年前春尚寒，陈总一日招我谈，谈及主席曾有言，文艺改革诗最难，大约需时五十年。我于诗国时偶探，乍闻此语震心弦，其后屡试复屡颠，稍识其中苦与甜。再与此信相细参，始知至理确不刊。两公均已谢人间，今我不述将谁传？诗重思想质领先，由来体式随时迁。今日与昔判天渊，旧型那足供回旋？新诗为主势必然，顾瞻道路尚漫漫。牧歌民谣诗本源，浑金璞玉需雕镌。抒情摹态有偏全，协声造语分粗妍。有如冶铁成锋铦，锤淬动须百与千。文章华国事更艰，孰能计日收真诠？五言七言起建安，八代方得睹开元。矧今世界变空前，期以四纪非迟延。际此青黄待接联，旧诗亦可供蹄筌。暂借旧碗盛新泉，更存薪火续灯燃。毕竟格律太拘牵，谬种须防误少年。欣逢嘉会抚遗笺，光焰万丈辉文坛。启示分明在耳边，浅见敢以质高贤。方今恶草喜锄荽，妖雾扫空天地宽。革命事业看风抟，回荡万里助文澜。行见百花开满园，推陈出新新又翻。诗境无穷山外山，愿随志士共登攀。

1965年春天，陈毅对赵朴初谈到，毛泽东曾认为中国文艺改革以诗歌为最难，大约需要五十年的时间。赵朴初起初不太相信，后来在探索实践的过程中，才发现文体革新的难处。"由来体式随时迁"是一个总体的趋势，"新诗为主势必然"，也不以个人的意志为转移，虽然"牧歌民谣诗本源"，但还须文艺工作者"锤淬动须百与千"，这就是赵朴初所说的："在其时代所能提供的条件下，朝着个人所认为的正确方向，尽量作自己的努力，以期有所发现，有所进展，如是而已。"《片石集》作为"一片石"，展现的就是赵朴初彼时努力所获的一个阶段成果。

学书非小道

百年巨匠
Century
Masters
赵朴初
Zhao
Puchu

赵朴初爱好书法，自幼跟随父母勤习，视之为人生道路上的一门重要功课。书法家启功曾感叹："朴翁擅八法，于古人好李泰和、苏子瞻书，每日临池，未曾或辍，乃知八法功深，至无怪手书韵语之罕得传为家宝者矣。"

赵朴初的书法兼有"韵"和"力"、"意"和"法"，字形流丽秀逸，结构严谨缜密，笔墨洗炼疏朗，平易畅达，毫无拘碍，被喜爱者称为"赵体"。"赵体"的骨力和气韵不仅俱全，而且俱美，往往于灵动的行笔中透出朴拙的金石气息，秀逸中见端庄，潇洒中见法度，娟秀而不失之纤弱，潇洒而不失之放诞。所谓"集帖与碑碣，合之两美，离之两伤"，"赵体"形成的过程，其实就是碑帖互融互补的过程。

1977 年，"文化大革命"刚刚结束不久，有人提议书坛应成立组织。悼念周恩来的"天安门诗抄"书展之后，赵朴初的诗名和书名传得更广了，于是大家都推举他来做北京书学研究会的会长。研究会成立前，赵朴初比较了"书法"、"书道"（日本）、"书艺"（韩国）等词语，再三斟酌，最后确定了"书学"的称谓，他认为，"书学"包括的范围广，学术色彩浓，书法的组织要把着眼点放在学术文化角度，认真地把书法当成一门学问、一种学科来研究，要多从学术、文化和教育抓起。

赵朴初自己就是一个真正意义上的"学"者，他曾自道"耕吾耕兮弗敢荒"，"九十犹期日日新"，对于书法，他思考一生，也实践一

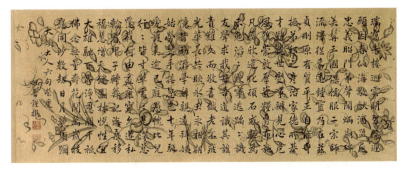

《贺大姨六十寿》　1935 年

生，不断从古典资源中汲取养分。"在继承中创新"，对他来说绝非空话。

从赵朴初早期的书法来看，他由唐碑入手，学柳公权、李邕、褚遂良等，兼学元人赵孟頫，结体上较方正，骨力劲健。中年以后参入帖学，笔法中宋人书法意味较多，特别是学苏轼能得其神采，形貌上也具有扁肥而右斜的特点；而后合以颜真卿的宽博和魏碑的雄健，形成了不激不厉、欹正相生，圆润中常见挺拔，方正中微带沉雄的"赵体"。赵朴初最擅长的书体是行书和楷书，也临习过草书，90 岁时，他用心钻研草书特别是章草，书风又得新变。综合赵朴初各时期书法风格来看，可以将其大致分为三个阶段：

第一个阶段在 20 世纪 60 年代中期以前。对"二王"和唐人书法精要的领会，为赵朴初书法打下了坚实基础。从练习书法的初期开始，赵朴初所接触的基本上是法度谨严的楷书，比如他自幼即在父亲指导下临习柳公权的《玄秘塔碑》。柳公权是唐代与颜真卿齐名的大书法家，他的书风清刚劲健、筋骨分明、遒劲流丽，在晋人雅逸与鲁公宽浑之间。赵朴初对柳书的偏爱与重视，在他后来回忆旧时经历的谈话中可见一斑：

《参礼玄中寺题词》碑拓

《答赠》

《临江仙·由重庆往西安飞行途中》

日军入侵时，家乡遭劫，我家也被毁坏殆尽。家中原来藏书不少，可惜只带出《杜工部集》残本和柳公权字帖。丙午（1966 年）乱时《杜工部集》也被红卫兵扫掉，已无法寻觅，现在唯存一本柳公权字帖了。

两次遭乱，赵朴初都将柳公权的字帖随身保存，可见护爱之深。赵朴初极尽可能地吸取晋唐书法精髓，此时的字体娟洁挺拔，撇捺如刀，笔画之间、字与字之间多见牵丝。1957 年参礼玄中寺题词、1959

《记巢湖农民语》 1976 年

年《五台山杂咏》四屏、1960 年书赠赵荣琛《玉楼春》词、1961 年所临《兰亭序》、1962 年书赠柴德赓《菊花新》词，以及《答赠》《泰姬陵》《由重庆往西安飞行途中》等，都是这一时期的佳作。

第二个阶段从 20 世纪 60 年代后期到 80 年代初期，这十余年是赵朴初书法形成自家面目的重要时期，其书风大致可以用"润秀"二字概括。此时赵朴初已步入老年，"文化大革命"结束后，特别是 1978 年十一届三中全会以后，他的书法创作热情日益高涨，字体由精劲而温腴，风格洒脱跌宕、俊秀飒爽而又和气动人，提按之感极强，粗细变化明显，融入了极为丰富的精神、意志和情感。这一时段，赵朴初转师宋人，以帖学为本，诸种书作既有蔡襄的淳淡大度、苏轼的圆劲妩媚，又有黄庭坚的横逸开张、米芾的险古隽利，可以说是尽得宋人风神。

书赠天一阁联　1978 年

宋拓十七帖题签

以魏碑笔法题《魏碑集粹》

1976 年，赵朴初重书他于 1958 年所作《记巢湖农民语》："端起巢湖当水瓢，那方干旱那方浇。拔山盖世重瞳子，岂识吾民意气豪。"通篇诸字皆用重墨，"端""起"二字颇具"刷字"韵致。同年所书《鲁砚诗》亦极精彩，团团墨色中渗透出活泼秀逸、洗练流畅的笔法，润而不肥、劲秀清雅，儒者之风俨然。

1978 年 11 月 8 日，赵朴初访宁波天一阁，饱览古籍善本和前贤墨迹，其中有天一阁的创建者明代范钦存世最完整的书法长卷，赵朴初留意到诗中"人心险巇不可测，戈矛只在谈笑间"二句，在现场人们的请求之下，反用其意，于四尺整纸写出一幅对联："书卷留天地，谈笑泯戈矛"，侧边又加小字题跋，洋洋洒洒，一气呵成。这幅对联中的十个大字，气势磅

赵朴初在静安寺鉴赏
伊秉绶隶书

礴，壮美飞动，浓墨中带枯笔，收放自如有度，三行小字和落款调节
了章法，恰到好处，韵味十足，洋溢着极强的抒情色彩。

第三个阶段从 20 世纪 80 年代开始一直到其逝世，这时赵朴初
的书法风格逐渐由秀逸开张转为温和内敛，笔法由圆而方，笔画连
带愈少，褪去外在的繁丽，涵养而成圆融、庄重、恬淡的韵致和气
象。此时赵朴初对碑学产生兴趣，并有意糅合碑帖，对此，林岫回
忆道：

> 朴老六十五岁后又于帖学之外参习魏碑，行次常携《张
> 猛龙碑》和孙过庭《书谱》二集，通会古法，砚窗多有心得。
> 逝前二十年间的作品愈发气静神闲，老笔浑厚，尤擅用墨，湿
> 以枯之，渴以润之，直欲畅抒胸中豪逸，观者亦无不赞其纯青
> 精到也。

正是由于碑法的引入，赵朴初作书更见重、拙、大，撇捺愈加舒

为金陵刻经处经版楼书写的对联　　　　　　　　《一喝》

展，点画更显厚实，修饰之笔降减到最少，开合俯仰、屈伸离合全出乎自然，古朴端庄、质拙肃穆的凛凛之气，跃然笔端。1986 年，赵朴初为金陵刻经处经版楼补题楹联"流通功德藏，接续人天师"，就用了不同往常书风的碑体，尺寸虽不很大，却具足威仪。

赵朴初与日本僧界和书道界交往频繁，他也曾尝试用日本禅僧的书写形式创作：上方以浓墨重笔写出巨大的一两字禅语或警句，下方用小字落款，或加多字题识。如《一喝》《老实》《认真》《慈忍》等作品，颇似明清以来禅僧特别是日本书僧的笔墨效果。

赵朴初晚年所书作品多数与佛教主题相关，他与弘一大师一样，以书法结善缘，几乎是有求必应。随着赵朴初佛教思想的形成确立，禅定、精进等精神也透过笔墨而外现，如所书《华严经》偈："于诸惑业及魔境，世间道中得解脱。犹如莲华不着水，亦如日月不住空。"字迹古雅平和、圆融自然，能使观者安心。另一典型例子是他写于遗嘱之后的诗偈："生固欣然，死亦无憾，花落还开，流水不断。我兮何有，谁欤安息？明月清风，不劳寻觅。"短短三十二个字，写得一丝不苟、一尘不染，宁神静气、淡定自如，赵朴初晚年的"人书俱老"，正体现于此。

就这一阶段书法的落款而言，"朴"更多时候写为"樸"，较少写作"樸"，生命中的最后几年，赵朴初写字也偶署"开翁"。

1998年初夏，91岁的赵朴初试用草法书写了一首陈曾寿的《至味》诗，正文四行，清简舒朗，绝无狂怪浮华之象，典雅之极，其后题识云："年逾九十始习草书，偶录前辈小诗，真乃涂鸦之作耳"，语极谦逊。此后，赵朴初时常有意作草，期待更多精进。

书陈曾寿《至味》诗

文天祥的《正气歌》是赵朴初非常熟悉和钟爱的诗篇，晚年他在病房练字，曾以此诗为书写内容。在一张沾满墨痕的纸上，赵朴初用章草书写了15行《正气歌》的诗句，从"天地有正气"到"天柱赖以尊"，一气贯之，虽酣畅淋漓而又有所节制，从中可以看出赵朴初对书法之美的理解和践行。他在另一张纸上还用章草写下《周易》中的句子："美在其中，而畅于四支，发于事业，美之至也。"运笔圆转，敛神藏锋，质朴生拙，近似于右任草书风格。

赵朴初与擅写草书的沈鹏相熟，两人见面就会讨论书法。沈鹏回忆 1998 年全国洪灾后，中国佛教协会举办大型赈灾书画义卖活动时赵朴初作简短演讲："他讲话的时候，不像一个年逾九十的老人，非常有感情，很动人。"在沈鹏看来，赵朴初的书法也充满了天真烂漫的气息，他当面称赞有"青春气"，赵朴初听后很高兴，也很认可，还特意写诗答赠：

> 老年作书用退笔，不求妍润存骨力。
>
> 枯槎架险嗟未能，沈鹏谓有青春气。
>
> 沈君善书我不如，虽知过誉亦心怍。
>
> 门前流水尚能西，东坡所美差堪及。

赵朴初在诗中既申明对沈鹏欣赏自己的感谢，也表述出作字的状态和追求，虽然用的是"退笔"，而且"不求妍润"，但却因为天然朴素而自得一种"青春气"，这是无意于佳而佳的美好境界。赵朴初心仪东坡书法，诗末巧用东坡《浣溪沙》中的句子，以示自己老骥伏枥，在求艺道路上追索不已的志力，和古人相比并不逊色。

赵朴初曾自述："我的书法不能说写得很好，但每天我都做功课。"从他留下的墨迹来看，确有海量的练习稿和"半成品"，这些无不见证了赵朴初充满艰辛和愉快的习书历程。此外，赵朴初在翻览和阅读古人著述之时，还十分留心那些论书的内容，但觉会心，即书为幅件，随读随写，写时亦在思考和品味这些语句的意涵，如他曾书张怀瓘语"临仿古帖，毫发精研。

赵朴初与周扬、舒同、启功等出席中国书法家协会成立大会

随手变化，得鱼忘筌"，书欧阳询语"凝神静虑，端己正容，秉笔思生，临池志逸"，书苏轼语"吾书虽不佳，自然出新意，不践古人，是一诀也"，书张邦基语"吾每论学书，当作意前无古人，凌厉钟王，直出其上，始可自立少分，若直而低头就其规矩之内，不免为之奴矣"，书刘熙载语"逆入、涩行、紧收，是行笔要法"，书周星莲语"字画本自同工，字贵写，画亦贵写。以书法透于于画而画无不妙，以画法参于书而书无不神"，等等。抄录这些内容，不啻在和古人进行关于书法的对话，赵朴初也因此获得了源头活水，在执着探索的过程中充满自信。

赵朴初热心推广书法艺术，非常强调文化和学理，认为书法家应当坚持"学"，这是练习、创作书法所遵循的"道"。1981 年 5 月，中国书

1985 年，赵朴初在病中挥毫

《答赠沈鹏·老年作书用退笔》 1998 年

法家协会在北京成立，舒同任主席，赵朴初和沙孟海、启功、周而复、林林、陈叔亮、朱丹等一同当选为副主席，在书协第三次代表大会召开之际，赵朴初以一首长诗为献词，表达了自己的想法：

学书非小道，譬若整衣冠。

出门见大宾，俨然而蔼然。

浮天沧海远，情意动波澜。

一纸抵万金，异国同笑欢。

当其独坐时，斗室纳大千。

神凝而气静，众妙现毫端。

好学近乎智，养怡可永年。

今朝逢盛会，少长集群贤。

芜词申祝愿，书法光乾坤。

在赵朴初看来，学习书法并不是人们一般认为的"小道"，把字写好，就像出门前要将衣冠整理好一样，是非常重要的。他形容练习和创作书法时的状态，是"神凝而气静"，假如心浮气躁地弄笔，则难臻妙境。在这首诗中，赵朴初仍然强调"学"的重要性，所谓"好学近乎智"，既是鼓励书法爱好者要善于向大师和经典学习，也暗示临古才是真正的"捷径"。

《书法》杂志创刊十周年之际，赵朴初为之题词："尊传统以启新风，先器识而后文艺。"这两句话集中呈现了赵朴初的书法观和文艺观。"士之致远者，当先器识而后文艺。"这句话出自《旧唐书》，赵朴初不仅深以为然，更以之勉励文艺创作者特别是书法家，千万不可矜于一技一艺，就此满足，而应有更高远的追求和更广阔的胸襟，只有培养好器量见识，文采技艺才可能达到一定的高度。古往今来，成就卓著的书法家无一不是器识卓荦的"士"，只在写字上用力，而缺乏对历史和现实的观察思考，艺术造诣也必然有限。至于学书之道，赵朴初强调的仍然是从传统文化中汲取养分，所谓"操千曲而后晓声，观千剑而后识器"，"启新风"的基础和前提在于"尊传统"，"尊传统"的期待和目的则是"启新风"。

由于工作繁忙，赵朴初并未一直担任书协副主席，后来改任名誉理事。他在书法界影响甚大，德高望重，曾针对当代大多数书法家文化基础薄弱的现象，提出"书法家不能光会抄录唐诗宋词，必须加强文学、史学、美学和文字学方面的修养"的指导性意见，并呼吁"希望当代书法家多写自作诗词"；他还在很多场合劝勉大家要以文会友、感恩报善，千万不要为争得一席之位而破坏友谊。这些观点和意见都得到中国书法家协会其他领导和同仁的广泛认同。

赵朴初从不卖字，但为救灾扶困义售作品，他总是走在最前面。1998年夏季，中国南方发生特大洪水灾害，受害地域之广、程度之烈，为数十年之最。忧心忡忡的赵朴初首倡"赈灾书画义卖周活动"，以中国佛教协会的名义主办，一时间，北京乃至全国的书画家受其感召，翕然而从，纷纷创作作品参加义卖活动。从8月8日开始，赵朴初带头献出精品，首日义卖所得即达18万元。有人翌日闻讯从外地

《书法》创刊十周年题词　1987年

赶来，专为购买赵朴初墨宝，赵朴初听闻后立刻再次挥毫奉献。他还出面与无锡祥符寺住持无相法师商议，募得善款 40 万元，与书画义卖所得共计 100 万元，全部捐出用于救灾。

其实此时的赵朴初已进入垂暮之年，身体健康每况愈下，但他却一丝不苟地为民作书、向众生"报恩"。赵朴初曾语重心长地对书法界的友人说："我们共沐数千年诗书画界前贤的文化法乳，方有今朝。最好的还报就是昭著前贤功德，墨香传承，弘扬中华文化。学书作诗有成，要报师长恩国家恩；挥毫能结善缘，要报朋友恩人民恩；得文化薰陶、水土养育，要报故贤恩天地恩。大家报恩扬善，中华百业振兴，更况书学呢！"

百年巨匠
赵朴初
Century
Masters
Zhao
Puchu

第五章 | 典型今在

深孚众望的赵朴初先后担任过西泠印社的名誉社长和社长，为印社发展指明方向、提供保障。他与书法家启功、篆刻家刘廼中、学者刘梦溪、居士陈珍珍等惺惺相惜，诗书酬答，留下许多佳话。

步入晚年的赵朴初有更多的心情和契机去反思体悟传统文化，同时还在不遗余力地为社会和国家贡献自己的力量，并以亲身经历勉励后辈学子，真正做到了「虽老不老」。

云淡淡，水潺潺

百年巨匠
Century
Masters
赵朴初
Zhao
Puchu

学者刘梦溪客厅里的书架上，一直挂着一副他最喜欢的对联："云若无心常淡淡，川如不竞岂潺潺"，来访的客人，都会坐在这副对联前边的椅子上，与坐在左手边的主人交谈。大约只有那些"留心身后"的访客才会注意到，这是一件赵朴初的书法佳作，内容则出自王国维的一首《杂感》诗。

书赠刘梦溪对联　1987 年

刘梦溪致力于现代学术史研究数十年，服膺王国维、陈寅恪、马一浮等前辈学人的道德文章，对王国维的诗文自然也非常熟悉，他独爱静安此联，觉得这文字好似养护了他的心性和学问，而又感到有所激励，因能担荷起许多社会责任。评诗素以严苛犀利著称的钱钟书，对王国维此作也颇加称道，认为是"柏拉图之理想，参以浪漫主义之企羡"，能够窥见其的西学义谛。

1987 年中秋，赵朴初写赠刘梦溪这副对联，并非两人第一次翰墨交往，12 年前他们就曾讨论过文学，赵朴初还赠以诗笺。

1975 年秋天，经李一氓写信介绍，刘梦溪去南小栓胡同一号赵朴初家中，向他请教佛学方面的问题。刘梦溪回忆，当时正值四逆横行，每当谈讲学问之余，难免议及时事，赵朴初对国运兴衰的观感，

1976 年，赵朴初在家中

常常寄之于诗，一边吟诵，一边随手书写，与友人共赏。那年评《水浒》之风正炽，刘梦溪和赵朴初也以《水浒》为话题，聊了很多古今人事。

大约从 20 世纪 50 年代起，学界就不断有关于宋江形象问题的讨论，不少文章都认为：宋江是农民革命的叛徒，接受招安就是背叛革命。1965 年，《文史哲》第 3 期发表李恩普《对宋江形象分析一点质疑》，几乎是当时研讨宋江形象问题的"集大成"之作。就在李文发表的同年，《光明日报》总编室将既有的讨论编入"情况汇编"，以《古典文学界对〈水浒传〉及宋江形象讨论的若干情况》为题印行。对《水浒传》抱有极大兴趣的毛泽东阅读到了这份材料，也开始借小说言政事，在 1973 年到 1975 年间，他三次提出并强调宋江是投降派，认为"《水浒》这部书，好就好在投降。做反面教材，使人民都知道投降派。"又说"《水浒》只反贪官，不反皇帝。摒晁盖于一百零八人之外。宋江投降，搞修正主义，把晁的聚义厅改为忠义堂，让人招安了。宋江同高俅的斗争，是地主阶级内部这一派反对那一派的斗争。"

戴着"阶级斗争"的眼镜去看《水浒传》，并非毛泽东的发明，早在 1920 年，陈独秀就将《水浒传》理解为阶级斗争的演义，他在《〈水浒〉新叙》中用白胜的一首歌词来概述小说的主旨："赤日炎炎似火烧，野田禾稻半枯焦。农夫心内如汤煮，公子王孙把扇摇。"似乎是本就存在的阶级矛盾，在这"赤日炎炎"的外部劣境催逼之下，变得更为紧张和激烈。

据言，江青曾点名让赵朴初参与评《水浒》。赵朴初跳出阶级斗争语境，回避讨论《水浒》中的主要人物，写下了这样一首五绝："废书而长叹，燕青是可儿。名虽蒙浪子，不犯李师师。"宋江知道李师师深受宋徽宗宠幸，为说动她在徽宗面前为梁山多说好话，让燕青前去"公关"，没想到李师师一见燕青便喜欢上了他，燕青询得李师师芳龄之后，马上跪下认她作姐姐，两人便一直以姐弟相称。《水浒》中描写男女的内容不多，燕青和李师师的故事像是为压抑的环境打开了一个透气的豁口，让人感到轻松自然。

这首短诗吟成之际，刘梦溪正好在场，赵朴初用铅笔将之抄在一张薄薄的稿纸上，递给刘梦溪赏读。当发现刘梦溪领会了后两句的

在刊登有评《水浒》的报纸上临习怀素的《自叙帖》

"今典"意涵时，赵朴初朗声大笑，刘梦溪也随之笑起来。赵朴初后来出版《片石集》，并未将《读水浒传》收录其中，刘梦溪收藏至今的手迹却意外地保存了"佚诗"。

为《世界汉学》创刊题词 1998 年

1977 年，赵朴初寄给刘梦溪一副对联："天地有情常与善，人才非正不能奇。"一旁小字长跋曰："十年教训，得此一联。天道作自然法则历史法则解。与犹亲也。无亲而常与，非正则不奇，相反相成之理，不甚然欤。"十年"文化大革命"给社会带来巨大灾难，沉毅敏感的赵朴初从中悟到不少道理，阅世论世更见透辟。这副对联被刘梦溪挂在书房里，面对它，就像面对思考中的赵朴初。

多年之后，刘梦溪主持的《世界汉学》创刊，赵朴初因医嘱不宜离开医院，未能出席创刊座谈会，但题写了贺语："汲古得修绠，开源引万流。"前一句是唐代韩愈的诗句，后一句则为自拟，分别基于纵向的古今维度和横向的中外维度，对《世界汉学》寄予厚望，对仗工稳，极为巧妙。刘梦溪回忆道，当时朴老没有用夫人递来的稿纸，而是自己取过宣纸，微加沉吟，即已写好，才思敏捷，可见一斑。

虽然《世界汉学》由于经费不足等问题，未能如愿持续出版，但赵朴初的题词书法却一直悬挂在刘梦溪创办的中国文化研究所的学术报告厅墙上。"汲古得修绠，开源引万流"，也是赵朴初对文史研究者的期许和勉励。

传承岂止八家法

　　创立于清光绪三十年（1904年）的西泠印社，是中国现存历史最悠久的文人社团，也是研究金石篆刻艺术成就最高、影响最大的专业学术团体。自现代书画篆刻大师吴昌硕担任第一任社长以来，印社不断团聚海内外金石巨匠、丹青妙手、文史耆宿、诗赋大家，获得越来越高的声誉。

　　1979年12月，西泠印社召开纪念75周年社员大会。这是十年浩劫结束后，西泠印人第一次大规模雅集。副社长孙晓泉在大会上作了题为"柳暗花明又一村"的工作报告，提出关于印社在新时期新的发展方向的设想，计有六点：一、加强学术研究，繁荣艺术创作；二、做好出版工作，办好《西泠艺丛》；三、培养新生力量，壮大学术研究和创作队伍；四、加强中外文化交流，增进各国人民的团结和友谊；五、丰富印社藏品，加强对藏品的整理，组织好创作活动；六、进一步搞好园林建设。

　　西泠印社的传统一贯是学艺并举，这次社员大会上，大家选出浙江美术学院教授沙孟海为社长。沙孟海早年以篆刻闻名，长期从事文物鉴定和艺术教育工作，书法雄强浑厚、老迈超逸，有"海内榜书，沙翁第一"的美誉；同时，沙孟海作为一名学者，在古典文学、文字学、民俗学、考古学等领域都卓有成就。与会的18位老社员和32位新社员经过商讨，还做出了一个很特别的决定：聘请北京的赵朴初为西泠印社的"名誉社长"。

赵朴初从没刻过印章，但他书法功力甚深，而且在艺坛的影响也很大，此时还身任北京书学研究会会长。西泠与诗也有着很深的渊源，诗史中浙派有"西泠十子"，清风雅韵，延留至今，而赵朴初即是诗人本色，雅量高致，世人尽知。

举凡名山胜迹，大多可见宗教的身影，西泠印社所在的孤山也不例外，印社内最高的建筑当数华严经塔，经塔的存在不仅标示了西泠印社景区内的制高点，也和弘一大师所书、吴熊所建的阿弥陀经幢一起，为西泠增添了浓郁的佛教意蕴。赵朴初是著名的居士和佛学家，是中国佛教协会的主要领导者，请他来担任印社的名誉职务，正如华严经塔是印社内的最高建筑一样，这个象征和隐喻很有意味。

印社中的不少社员都认为，西泠能够走过75年的历程，着实不易，现在终于迎来了发展的好时代，不仅要在圈内有地位，更要在圈外有影响，正如孙晓泉提出的设想所说的那样，壮大队伍、加强交流、组织好活动。书法家赵朴初是人所敬仰的社会贤达，请他来担任印社的名誉社长非常合适。

赵朴初与沙孟海等书法家本就十分熟稔，当他获悉这一消息并闻西泠印社正举行庆祝建社75周年庆典时，当即挥毫写下一首赠诗：

篆刻有道道非易，博学始能精一艺。

清华雄浑见诗心，奇正阴阳通画意。

印人结社重西泠，七十五年观复兴。

传承岂止八家法，境界方开千载新。

诗中"八家"，指的是指丁敬、蒋仁、黄易、奚冈、陈豫钟、陈鸿寿、赵之琛、钱松等八位浙派印坛先贤，赵朴初寄语西泠印人，应放眼长远，不必拘于门户，要在有"诗心""画意"等的"博学"基础上精于一艺，这样才会更有底蕴，才能开辟出新的艺术境界。

从此，赵朴初与西泠印社结下了二十余年的情缘：从 1979 年到 1993 年，他连续 14 年担任了西泠印社百年史上仅见的"名誉社长"。

1992 年 10 月，沙孟海病逝于杭州，由谁来继任西泠印社社长一职，不仅是社员关心的头等大事，也是海内外同行、媒体所共同关注的要事；次年正值建社 90 周年，必须召开社员大会、举行换届选举，社长人选亟待确定。

为了选好新任社长，印社先从听取和汇集社内民意开始，进行多次讨论，后又听取副社长、秘书长、诸多理事和部分社员的意见和建言，同时也征求了相关领导部门对人选的建议。经过一番细致的工作和商议，社长推荐人选水落石出，比较多的、集中的意见希望原任名誉社长的赵朴初出任社长。副社长胡效琦后来回忆，当时大家认为西泠印社闻名于世，是"中国印学中心，其社长必须由社会公认的、极具声望和影响力的、极具学识和才华的社内著名人士来担当，因为他是印社的一面旗帜。赵朴老德高望重、通今博古，在国内外具有很大的影响力和号召力，在社内担任名誉社长十多年，又任全国政协副主席，是新任社长的最佳人选"。

1993 年 9 月 16 日，怀揣着西泠同仁的期待，胡效琦一行专程前往北京，来到赵朴初家中，当

书"篆刻有道" 1979 年

面就出任西泠印社社长之事向赵朴初请示。陈邦织是在杭州出生的，她陪胡效琦边聊天边等赵朴初处理完公务，问明来意后，便领着杭州来客进入客厅。赵朴初微笑着引众人坐下，简单寒暄数句，胡效琦向赵朴初汇报了西泠印社建社 90 周年纪念活动以及社员大会的筹备情况，之后便径谈主题："沙老于去年谢世了，这次要选举产生第五任社长，很多同仁一致希望您出任。您已出任三届十五年的名誉社长，是一位德高望重的学者、书法家，在社内外、国内外享有很高的声誉。"未等赵朴初反应过来，另一位印社负责人跟着说："如果这次尊重大家的意愿提名您为社长候选人，希望能允诺，如果这次大会选举您当社长，希望您老不要推却。"

赵朴初听力不佳，他认真地听着来客的讲话，却毫尤思想准备。当他听清楚并理解了大家的意思后，说道："西泠印社在国外名声很大，我几次去日本和接待外国朋友，他们都说起西泠印社。沙老学识渊博，受人尊敬，主持印社工作很有建树。这次可请启老当社长，他很合适。"赵朴初口中的"启老"就是启功，他们相识很早、交谊甚深，此时启功担任西泠印社副社长和中国书法家协会主席，完全够资格接任印社社长之职，但启功和印社其他领导的意见完全一致：新任社长非赵朴初莫属。

获悉启功的想法，赵朴初陷入沉思。此时，胡效琦等人再次恳求赵朴初允诺。赵朴初沉吟半响，微微点头："承蒙错爱，我感到很惭愧，印社工作我做得很少，要选我当社长的话，我真是十分惶恐。最近我将出访日本，回国后还要主持 10 月份即将召开的佛代会，可能难以抽身赴杭州参加印社的大会了，我想请诸位代我请个假，可以吗？"见赵朴初首肯，胡效琦等人喜出望外。

10 月 20 日，西泠印社建社 90 周年纪念大会暨第九次社员大会在浙江宾馆如期举行。赵朴初从东京发来传真，文中说："西泠印社人文渊薮，艺术宝库，名贤雅士，鸟篆螭文，辉映湖山，蜚声中外，欣逢创立九十周年纪念，因在日本访问，未能参与庆典，谨电致贺。"经过讨论，会员大会通过了工作报告和《西泠印社章程》，又以无记名投票方式选举产生了第五届理事会，共选举出理事 33 名，理事会选举赵朴初为社长，启功、郭仲选等为副社长。

三天后，刚刚回到北京的赵朴初获悉自己已当选为西泠印社新任社长，马上又发去专电：

各位副社长，各位理事，各位社员：

我因在京主持全国佛教代表会，未能出席印社九十周年社庆活动，深表惆怅。这次承蒙各位同仁厚望，推选我担任印社社长，甚感惭愧。除感谢各位对我的信任外，我愿与大家一起为振兴印社、弘扬印学书画事业作出自己的微薄贡献。

鉴于我不能到会，恳请在杭的副社长代我向大会宣读鄙函，并致谢意。

赵朴初

1993 年 10 月 23 日

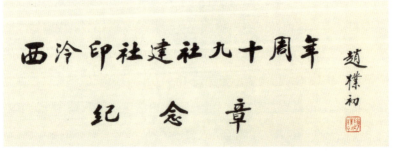

纪念章题名　1993 年

为留纪念，西泠印社和上海造币厂特地联合制作发行了赵朴初题名的"西泠印社建社九十周年纪念章"。这套紫铜质地的纪念章分两枚，背面分别是吴昌硕和沙孟海的浮雕胸像，正面则是印社圆洞门和华严经塔浮雕。

早在赵朴初离京访日之前，西泠印社副秘书长余晖就专门赴京请他为社庆题字，赵朴初写下一首长诗作为献词：

> 长我三岁西泠社，我未及见诸长者。
>
> 每到孤山意怆然，不思缶翁思秋白。
>
> 秋白不为浙皖拘，心观无常行菩萨。
>
> 迈古腾今思不群，游刃恢恢念天下。
>
> 应知印人有异才，当因其小观其大。
>
> 风流儒雅有传人，九十年来印学兴。
>
> 毕竟丁吴功业在，护持文艺重西泠。

献词中"浙皖"是指浙派与皖派篆刻，这两派在明清印坛上可谓并驾齐驱，影响深远，丁敬开辟浙派在前，邓石如创立皖派于后。出生于安庆的赵朴初和邓石如同乡，西泠印社坐落于浙江杭州，因而赵朴初出任西泠社长可谓是浙皖两派另一种形式的"通会"。赵朴初写自己多次来到位于孤山的西泠印社，但并不仅仅想到创社社长吴昌硕，还想到中共早期领导人、文艺理论家瞿秋白。诗后自注："瞿秋白尝为其表兄刻印满匣，余曾见之，篆刻雄健而美秀，抗日战争中尽失。秋白自云：无常的社会观，菩萨行的人生观，引导我走向革命大道。"瞿秋白和赵朴初有亲戚关系，他的表兄周君亮是赵朴初姐夫周君简的大哥。20世纪20年代初，郑振铎在上海与商务印书馆元老高梦旦之女君箴结婚，婚礼采用当时最为时髦的"文明结婚"仪式，按仪礼规定，结婚人的双方家长均须在结婚证书上加盖私章，以昭信

百年巨匠
赵朴初
Zhao
Puchu
Century
Masters

守。婚礼前日，郑振铎才想起母亲没有印章，于是去信请瞿秋白代刻一方应急。当天收到瞿秋白的回信，并无信笺，只一张"秋白篆刻润格"，内言："石章每字二元，一周取件。限日急件，润格加倍。边款不计字数，概收二元。牙章、晶章、铜章另议。"郑振铎以为这是瞿秋白事忙不能代刻的托辞，遂另请人急刻一方备用。次日上午婚礼即将开始，有人送来大红喜包一件，上书："振铎先生君箴女士结婚志喜，贺仪五十元。瞿秋白。"喜包内并无现金或礼券，乃是三方青田石印章，一方是郑老夫人的，其余为新郎新娘各一方。郑振铎把玩欣赏之后，才悟出喜包外皮所书"贺仪五十元"之缘由：三印共刻 12 字，润格应为 24 元；急件加倍，则为 48 元，加上边款 2 元，故曰"贺仪五十元"。此事在文艺界一时传为佳话。

赵朴初认为，篆刻不是"雕虫小技"，他奉劝世人不要瞧不起职业印人，佛教常讲见微知著、小中见大，从芥子中看出须弥，从方寸中感受大千，有智慧的人会从看似简单的技艺中得到许多印外启示，所谓"当因其小观其大"，足见赵朴初高远的视界和博大的襟怀。

书"长我三岁西泠社" 1993 年

西泠印社坐落在杭州西湖白堤西端、孤山南麓，既是美丽的旅游胜地，也是闻名天下的艺术中心。康有为曾于 1919 年题"湖山最胜"匾额；著名建筑学家、园林专家陈从周也专门为孤山和印社写过一篇文章，称之为"西湖景之首也"。在如此美丽的地方，有这样一所名社，实是印人之福、艺人之幸。

赵朴初自担任社长之后，为西泠印社的发展做出许多实际的工作和贡献。85 周年社庆大会上，筹建中国印学博物馆的设想就已经提出，也得到了国内印学界和日本书道界的良好反响和特别关注，但"国"字号的博物馆并不易建，由于种种原因，中国印学博物馆迟迟不能立项，此事一直让杭州文管部门和印社犯愁。为此，赵朴初亲自出面向中央有关部门进行了沟通申报，他专门写信给分管文教工作的国务委员李铁映，详细介绍了西泠印社的历史和中国印学博物馆的筹建情况，申述了建馆的必要性和意义。李铁映收到信后，马上批转国家计委和文物局，很快有了回音。1993 年 10 月 25 日，国家文物局发出第 936 号文件，批复了浙江省文物局关于筹建中国印学博物馆的请示，国家计委也专门下拨经费 50 万元，作为建馆的补助经费。有了政策和经费，中国印学博物馆的建设速度大大加快。

全日本篆刻联盟会长小林斗庵是西泠印社的名誉理事，他于 1994 年 8 月专程赴北京拜会赵朴初。两人见面后，一直在谈论书法、篆刻艺术和西泠印社的历史与发展，赵朴初对小林富有禅意的篆刻艺术表示钦佩，并作

赵朴初与小林斗庵

为西泠印社的社长，对小林先生给予印社一贯的巨大支持表示感谢，他说："我们中国有句话叫做'德不孤，必有邻'，有小林先生的加盟，我们印社的孤山自此不孤了。"

1999 年 9 月 26 日，中国印学博物馆在杭州落成开馆。博物馆坐落在西泠桥畔，背倚孤山，馆社以孤山原有的一座中西合璧的建筑"杜庄"为基础加以扩建，并以依山而上的回廊、亭阁与整个孤山相融。博物馆正门矗立着一方高 42 米的汉白玉材质龙钮巨印，印侧七个鎏金大字"中国印学博物馆"即为赵朴初题写。获悉博物馆终于建成，赵朴初十分欣慰。西泠印社建社 95 周年时，他撰写过一副贺联："百千万里风举云腾石鼓堪歌喜凭印学心相印；九十五年灯传踵接斯文未坠结集孤山德不孤。""孤山德不孤"，是赵朴初的真实感受，也是他对西泠的衷心祝福。

百年巨匠
Century
Masters
赵朴初
Zhao
Puchu

老翁似童儿

赵朴初和启功是数十年的好友，他们之间有很多共同点，比如出身皆为诗礼传家的名门；都与佛教有缘，佛学修养精湛；他们同是卓然成家的诗文书法圣手，墨宝遍及神州，海内尊仰；他们还都在政协和民主党派担任重要职务，参政议政、为国奔劳，更热心公益和慈善事业，是著名的社会活动家。

赵朴初常常自比为一滴水、一片石，以"滴水"和"片石"为自己的诗集命名，启功则自题书斋为"坚净居"，其义是"一拳之石取其坚，一勺之水取其净"，可见两人的心性理想都极为纯粹天真。

启功为人机智幽默，温和谦逊，极少与人争胜，但偶遇一些过分言行，也会露出颜色，在他的印象里，赵朴初为人慈祥，从不曾有疾言厉色，对人热情指导，片语只辞，听者无不心降首肯，这是堪为表率的。启功觉得："这可以说是先天禀赋，也可以说是后天修养。如说是先天禀赋，今人无从印证。推论后天修养，我理解当有两大方面的来源：一是自幼读儒家书，受到民胞物与的深厚

赵朴初与启功交谈

百年巨匠
赵朴初
Century
Masters
Zhao
Puchu

书"我与启功皆病目"　1997 年

熏陶；二是长时间在做公益事业，救死扶伤，养成先忧后乐的性格。"
启功反思自己从小性情浮躁，轻喜易怒，后来想要改正，总是拗不过
先天的性格，遇到夙有威严的长辈，生起畏惧之心，即想改掉心性，
但总不如见到慈祥的师长，在默默相对中逐渐矜平躁释。虽然赵朴初
只比启功年长五岁，但在启功的感受里，赵朴初就像是能使他心平气
和的长辈一般。

　　1981 年，中国书法家协会成立，赵朴初和启功同时当选为第一届
理事会副主席；1984 年，创建于民国时期的标准草书社在北京恢复成
立，赵朴初和启功一道参与了策划和筹备；作为西泠印社同人，赵朴
初和启功先后担任社长，助力印社复兴。启功精于书画碑帖鉴定，书
法造诣甚深，眼光也很高，平辈友朋之中，对赵朴初的书法最为钦佩，
《启功书画》《启功书法作品选》《启功论书钢笔字帖》《启功书画集》
等图册出版时，启功邀请的题签者都是赵朴初，足见对其推重之甚。

　　一次启功心脏病发作，病情危急，被送到北医三院，抢救过来后
写诗自嘲："填写病单报病危，小车直向病房推。鼻腔氧气徐徐下，
脉管糖浆滴滴垂。心测功能粘小饼，胃增消化灌稀糜。遥闻低语还
阳了，游戏人间又一回。"住院时，护士为启功做检查，从他胳膊上抽

血，灌入试管后，以手摇动不停。启功很纳闷，问护士为什么摇晃试管，护士答道："你还吃肥肉呢！血脂这么高，不摇动，它就凝固了。"这时一位长者迈步进门，说道："我吃了六十多年的素，血脂也并不低呀！"原来是赵朴初前来探病。启功很感动，说："我这小病，竟还劳您挂念！"送赵朴初出门时，启功取了一张自己和许多毛绒玩具在一起的近照送他。

启功的照片勾起了赵朴初的童心，他趁兴写了一首七绝："忘年忘我物能齐，情与无情共乐嬉。绒兔绒猫登几榻，老翁真个似童儿。"抄写时，"绒兔绒猫"四个字改了几回，"绒马兔猫""绣虎兔鸡""绣虎绒鸡"等等，反复推敲 —— 可能是启功的玩具太多，让赵朴初看花了眼。

1991 年，启功办了一次书画展览，展标请赵朴初题写。这次展览的作品是用于出售的，最终所得 163 万余元，全部用于在北京师范大学设立奖助学金。启功坚持不肯冠自己的名，而以其师陈垣的书斋号"励耘"命名奖助学金，赵朴初对此极为感佩，写诗称赏："输肝折

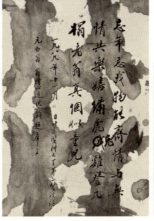

题启功近照 1989 年

百年巨匠
赵朴初
Century
Masters
Zhao
Puchu

赵朴初和启功在设立"励耘奖学助学基金"捐款仪式上

齿励耕耘，此日逾知师道尊。万翼垂天鸾凤起，千秋不倦诲人心。"他还将诗写成书法条幅，在捐赠仪式上送给启功。

赵朴初晚年因保健常住北京医院，某天启功带着自己的作品集去拜访，一进楼门忽然打了一个喷嚏。启功心想自己这是感冒了，朴老年高体弱，耳又重听，稍后见面免不了贴着他的耳朵大声交谈，假如把感冒传染给他就不妙了。思忖至此，启功掉转头退回来，写了一个纸条说明情况，自言不敢上楼求见，谨将习作呈上，以求教正。启功对赵朴初的敬重和爱护，可见一斑。

书赠启功贺诗　1991年

在启功的眼中，看起来像是"彻头彻尾的佛教徒"的赵朴初，其本质是一个"仁者"，他一生的心期和工作，无一处不是在"博施济众"的目的之下的，至于他宗教方面的表现，乃是仁者胸怀升华的一个支流。面对记者，启功感慨地说："我跟朴老的交往，并不是宗教方面的，主要还是朴老的人品、贡献、诗词和写的字，没有一样不是响当当的，他真是以德服人呐！"

金石交

和职业书法家相比，赵朴初的自用印章不算太多，其中有不少是吉林书法篆刻家刘廼中所镌。赵朴初真心欣赏刘廼中的艺术，力荐刘廼中加入西泠印社，他们时常通信，多次见面谈艺，建立了深厚的友谊，可谓名副其实的"金石交"。

1991 年，吉林市政协举办纪念辛亥革命八十周年书画展，70 岁的刘廼中受政协之托邀请各方书画名家赐题。当年夏天，刘廼中委托夫人孙贤舒赴京征集名家题词，在友人的引荐下，孙贤舒来到南小栓胡同拜见赵朴初。赵朴初闻知客人来意，当即撰写了一副长联，并书写成龙门对的形式，交给孙贤舒："史册辉煌辛亥年，赢得举世震惊，从兹帝制推翻了；艰难革命功成日，直到三山尽拔，中国人民站起来。"落款是："辛亥革命八十周年纪念献词。赵朴初。"

看到赵朴初精神矍铄、兴致高昂，孙贤舒又取出随身携带的一本名家题册，邀请赵朴初在上面留下墨宝。翻开册页，第一开便是启功的一首自书诗《失眠》，赵朴初微笑端详启功的墨迹，最后目光停留在他落款的印鉴上："启功七十以后作。"赵朴初自言自语道："启老的这方印，以前没有见过呀。"

当听到孙贤舒介绍说这就是她先生刘廼中的作品时，赵朴初连声称赞，他沉吟半晌之后，在册页上写下一首五律：

> 齿折心不折，甘为孺子牛，
>
> 荒寒坚壮志，修讲抱深忧。

菩萨无恐怖，圣人不怨尤。

同心复同德，文艺好悠游。

这首诗是因观启功诗书有感而作，"同心复同德，文艺好悠游"两句，移赠刘廼中孙贤舒夫妇也很合适。写完后，赵朴初又仔细观赏"启功七十以后作"这方印蜕，喜爱不置，他请孙贤舒问刘廼中，能否为自己镌刻一方同式的"开翁八十以后作"朱文印。虽然尚未见面，赵朴初和刘廼中就凭此订交了。

1993 年，吉林市举办雾凇冰雪节，刘廼中受市委市政府之托，修函由夫人孙贤舒再度赴京邀请赵朴初夫妇来吉林做客。当赵朴初冒着零下 30 多度严寒来到吉林时，刘廼中正在从台湾讲学、举办书画

刘廼中刻"开翁八十以后作"朱文印

展归来的途中。赵朴初特意延长了归期，只为等待这位神交已久的艺友相见。1 月 14 日，两人终于见面，而且一见如故，刘廼中高兴地向赵朴初介绍了自己此次台湾之行的经历，并将为展览专门印制的《刘廼中印存》赠送给赵朴初。赵朴初认真观看了刘廼中的印作，由衷赞赏，赋诗为馈：

赵朴初与刘廼中在吉林

篆刻力追秦汉远，

功深自有神来腕。

游刃所到意有余，

规矩方圆通浙皖。

宠辱不惊志气清，

刚柔相济思虑明。

从容卷舒止至善，

观其所由良可钦。

题刘廼中篆刻集　1993 年

刘廼中刻"赵朴初"
朱文印，附边款

　　在等待刘廼中回来的几天内，赵朴初夫妇由孙贤舒陪伴。雾凇的呈现受气温、风力等诸多自然因素影响，所以并不太容易欣赏得到。孙贤舒这样向赵朴初夫妇描绘雾凇的美丽："到那时，流入市区呈'S'形的松花江流水不冻，入晚无风，但浓雾弥漫，两岸丛林密莽，无隙不入。清晨起来一看，冰晶遍结枝桠，如舞银龙，如垂璎珞；日出后晶莹映照，满目生辉；继而凇屑飘坠，落英缤纷，似粉蝶戏逐，清凉皎洁……"听着孙贤舒的描述，赵朴初来了兴致，他更想看到雾凇了，结果真的是接连三天，一直都有雾凇呈现，让赵朴初夫妇大饱了眼福，而据当时天气预报，只保守地说此景"可能会出现一天"。看到这神奇的景象，孙贤舒激动地说："一定是江城人民欢迎您的诚心感动了观世音菩萨，天公作美呀！"

结束了吉林之旅，赵朴初回到北京，给刘廼中写了一封信表示感谢，并附上两人晤谈时所谈到的一首诗，请他将诗中最后一句刻成闲章。刘廼中很快就完成"任务"，赵朴初仍以回赠诗翰的方式道谢。此后，刘廼中每次去北京，一定会拜访赵朴初，两人所谈论的除了书法、篆刻、诗词，别无其他。

1993 年的秋天，赵朴初在院中漫步时不慎跌倒，康复后，他写了一首七绝寄给刘廼中。收到信和诗稿后，刘廼中以诗句入印，刻成一方"九十杖于家"的白文大印，并镌边款："五十杖于家，六十杖于乡，七十杖于国，八十杖于朝。载籍屡言之矣。朴翁则九十始杖于家，宁非人瑞也耶？作印纪实，亦志庆也。"一方印章，记录了两位老人的诙谐、智慧和友谊。

当年 10 月，西泠印社召开社员大会，选举出新一届理事会，公推赵朴初为社长。刘廼中从《书法报》上看到了这则消息，很为赵朴初感到高兴，也为印社有了这样一位杰出而特殊的掌门人而感到庆幸。西泠印社是国际著名的印学团体，刘廼中一直很想参加，但他不擅人

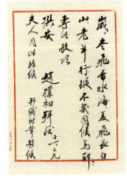

致刘廼中信　1993 年

百年巨匠
Century
Masters
赵朴初
Zhao
Puchu

际交往，与印社中人并不熟悉，得知赵朴初执掌西泠，直率的刘迺中便修书一封，自荐加入印社。

收到信还不到半个月，赵朴初就回函了，他已经将刘迺中介绍给胡效琦，并请刘迺中按照程序填写申请表格、寄去印社需要的材料，表示会转给印社进行讨论。

次年6月，赵朴初又专门给刘迺中写了一封信，告知印社的意见："先生艺术造诣很高，影响很大，拟于今秋开理事会时推荐。"刘迺中没想到，为了自己能圆梦西泠，赵朴初如此花费心力。他在给赵朴初的回信中坦陈心声："入社申请之书，初思极易，及至执笔，竟有彷徨之感。缘是曩所歆慕各家各派，今之某些所谓权威，甚至咸以为不屑一顾，而竟以乱头粗服相尚。初睹此类作品，似不无新鲜，且离传统似尚未远。近年则愈益斑斓无状，且伴随吹捧文章，不断拍案叫绝。返观鄙作则瞠乎其后，竟不可以道里计矣。"面对喧嚣的艺坛，刘迺中有点茫然无措，看看自己老老实实走着传统的路子，毫无"新"意，有时竟也缺乏自信起来。赵朴初深谙艺术之道，他知道传统的重要性，一时流行的书风、印风，从未入他法眼，正因为如此，他才对功力醇厚的刘迺中青眼相看，甚至晚年几乎将所有的自用印全部换成刘迺中所刻。可以说，赵朴初对艺术的理解不仅直接体现在他自己的创作上，也表现在对刘迺中作品的欣赏上。

古今两典型

1987 年，福建泉州的陈珍珍居士赴京参加中国佛教协会第五届代表大会，她向赵朴初汇报，自己发愿整理出版弘一大师的全集。赵朴初很是赞同，愿意全力支持，他嘱咐陈珍珍一定要排除万难，完成这项事业。

陈珍珍中学时代在一所基督教长老会创办的女子中学读书，一次弘一大师到泉州承天寺讲经，班主任带全班四十余人一起去听。同学们十分好奇：老师是虔诚的基督教徒，何以去听佛教法师讲经？而听惯了牧师讲《圣经》吟圣诗的陈珍珍，初闻弘一大师讲《华严经普贤行愿品》，很受触动，心中留下了极其美好的印象。

1939 年，厦门沦陷敌手，陈珍珍随母校迁入山城永春县，当时弘一大师驻锡永春蓬壶山普济寺。这一次，陈珍珍随着另一位也对大师深为敬仰的老师去往谒见。她回忆，大师赤足穿一双罗汉鞋，身披一件有补丁的麻布僧长衫，高高瘦瘦、飘逸修长、庄严凝重，但面目却带着慈祥的笑容，一见令人肃然起敬，他叮嘱大家慈忍、精进、爱国，要"念佛不忘救国，救国不忘念佛"，并赠送来访者每人一本《佛教简易修持法》。这次拜见，是陈珍珍一生中最幸福的一天，她自觉如渡迷津而登觉岸，解决了迷惘已久的宇宙人生问题，此后遂决定弃耶皈佛，一生的前途和命运也就此改变。

1952 年，陈珍珍经陈海量居士介绍，在上海初访赵朴初，她讲述了自己宗教信仰改变的因缘，赵朴初笑了："我大学念的也是教会学

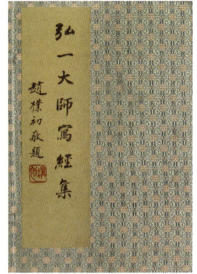

《李叔同—弘一法师歌曲全集》　　　　　　　　　《弘一大师写经集》

校，我们多熟悉一些别教的情况，再与佛教作比较，会增强信心，确有好处。"半个多小时的交谈，让陈珍珍更加无怨无悔地从事佛教文化教育工作，并以之为一生的志业。

　　泉州古称"泉南佛国"，是佛教文化传入较早也较为集中的地方之一，1942 年 10 月 13 日，弘一大师圆寂于此，更为这个城市赋予特别的意义。1981 年初，赵朴初夫妇从福州来到泉州视察，适逢元宵节，当地正在举办花灯展和文艺踩街活动，盛况空前，赵朴初在开元寺观灯，兴致极高，当场赋诗二首："放大光明双宋塔，花灯如海竞新奇。平生看遍鱼龙戏，不及今年元夜时。""管弦和雅听南音，唐宋渊源大可寻。不意友声来海外，喜逢佳节又逢亲。"泉州历来文人骚客不绝，当时就有不少雅擅诗词的文坛耆老陪同赵朴初游观，他们唱和频频，写出不少佳作吟咏佳节，后来辑印成《泉州市辛酉元宵春灯诗坛选集》一书，陈珍珍所写《恭迎赵老莅泉》也收入集中。

始建于唐初的开元寺是福建规模最大的寺院，也是中国东南沿海重要的文物古迹，寺内为弘一法师设立纪念馆，保存有大师最后14年在泉州生活的照片、著作和手稿，其中大师亲笔圈点校注的《南山律》三大部和二小部，及诠释三大部的三记《资持记》《行宗记》《济缘记》等，皆为海内孤本，弥足珍贵。对于弘一大师，赵朴初给予过极高的评价，大师百年诞辰之际，文物出版社出版《弘一大师》一书以为纪念，赵朴初在为该书所撰弁言中指出："近代中国佛教，自清末杨仁山居士倡导以来，由绝学而蔚为显学，各宗大德，阐教明宗，竞擅其美，其以律学名家、戒行精严、缁素饭仰、薄海同钦者，当推弘一大师为第一人。"大师精研各类艺术，造诣高深，早年赴日留学时曾与同学欧阳予倩等组织话剧团"春柳社"，公演法国剧作家小仲马名著《茶花女遗事》，自饰女主角茶花女玛格丽特，轰动东京剧坛，公演票资收入在后来全部汇回祖国，用作赈济淮河流域大水灾的款项。大师60岁那年，给友人夏丏尊写去一首偈语："君子之交，其淡如水。执象而求，咫尺千里。问余何适，廓尔忘言。花枝春满，天心月圆。"夏丏尊收信展读，赵朴初也在当场，他们读后知道，大师这是在暗示自己将不久于人世。赵朴初因此题写过一首七绝，概括弘一大师一生之德学：

深悲早现茶花女，胜愿终成苦行僧。

无数奇珍供世眼，一轮圆月耀天心。

1992年，泉州佛教界和文化界将举办弘一大师圆寂五十周年纪念活动，陈珍珍写信给赵朴初，希望届时他能偕夫人一道莅临。赵朴初回信答复，提及当年观读弘一大师遗偈之事："泉州筹备隆重纪念，承示一切，无任欢喜赞叹。犹忆五十年前，朴初与夏丏尊居士同在上海法藏寺普慧大藏经编译室，丏老得弘公函，展视同观，乃辞世告别之书也。哲人云亡，典型尚在。泉州莆田一二丛林，犹能秉承遗教，堪为近日寺院之表率耳。顷得一绝云：遗偈回思五十年，长留声教在人间。行行春到花枝满，万古清光仰月圆。"弘一大师圆寂已逾半世纪之久，但仍被世人怀念，"典型尚在"，可谓的评。

1993 年 10 月，陈珍珍带着两套十大册《弘一大师全集》来到北京参加中国佛协的会议，赵朴初见到出齐的大师全集，高兴极了，他对陈珍珍翘起大拇指："你真了不起，大师全集真的问世了，功德无量！"赵朴初知道陈珍珍以一人之力领衔编纂如此大部头的全集，委实不易，因此对她的工作一向鼎力支持。陈珍珍曾多次代佛教团体和文化单位向赵朴初求字，他都

题咏弘一大师　1980 年

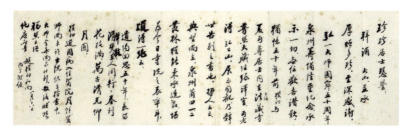

致陈珍珍信及诗稿　1992 年

赵朴初在泉州参加弘一大师诞辰 110 周年座谈会，二排右二为陈珍珍

爽快地应允，未曾有所拖延。不仅《弘一大师全集》、南安的大师纪念堂、上虞的大师故居"晚晴山房"均为赵朴初应陈珍珍之请题写，泉州市"东湖公园"等处的题字也是她替市长向赵朴初请来。佛协会议结束后，陈珍珍和妹妹、侄儿到赵府拜访，说明求题的内容，约定题好后让侄儿去取，谁知几日后陈邦织亲自带着题字送到他们的住处，陈珍珍受宠若惊，感动得不知如何应对。

赵朴初和陈珍珍在京泉两地，见面次数并不多，但之间有很多通信，讨论的多是寺院维护建设、宗教信仰自由政策贯彻落实等工作。赵朴初视全身心奉献弘法事业的陈珍珍为难得的同志，也曾对她坦言自己"当以余年为佛教事业尽涓埃之力"——在陈珍珍眼中，赵朴初和弘一大师一样，是佛教界一位当代的"典型"。

超以象外

赵朴初常与书画家交流艺术，也常应邀为书画家的作品题诗，在他的诗词集里，就有不少题画的佳作。不过和一般题画诗人不同的是，赵朴初还常给漫画题诗，比如他曾为漫画《特种废品收购站》题过五首如梦令，为漫画《美国商船出洋记》写了一首套曲，均寓批判于谑语之中。实际上，赵朴初和漫画家的很多合作，形式上不但有画在前诗在后的"题画诗"，还有诗在前画在后的"诗意画"。

华君武是著名的时事漫画家，从 1961 年起，他在《光明日报》副刊上连续发表"人民内部讽刺漫画"，针砭时弊，揭露许多不良的社会现象，他也因此在"文化大革命"中遭到不公待遇。拨乱反正之后，华君武创作激情高涨，面对社会上新出现的种种怪象、官场上的陋习歪风，他再次以笔做枪，予以辛辣讽刺。

1980 年，华君武读到赵朴初的一首《画圈儿》诗，立刻引起了兴趣：

> 小三画个圈，问他做甚的，他说画皮球。两手比一比，皮球圆又圆，可以随便踢。小三踢给小四，小四踢给小五，小五踢给小张，小张踢给小李。来，来，来，大家拿起笔，画圈当游戏。看谁画的圆，看谁踢的急。管他塌了天，管他陷了地，有的是踢不完的皮球，让我们一个个圈儿画到底。

很明显，赵朴初的这首《画圈儿》是在讽刺政府办事机构中推诿扯皮的作风，群众有事来办，一个人推给另一个人，一个部门推给另

百年巨匠
赵朴初
Century
Masters
Zhao
Puchu

一个部门，常常导致小事拖成大事，短期内本能解决的事情得不到解决。长此以往，群众产生不满情绪，政府的形象也大大受损。华君武反复品味，深有同感，也为赵朴初幽默的笔调叫绝，他根据诗意画了一幅漫画，画中人虽只有背影，但戴着的那顶干部帽透露出其身份，此人左手拿着一只巨大的铅笔，笔芯为红色，右脚朝后翘起，仿佛在踢毽子，脚的上方有一个红圈，如同皮球，系由其手中红铅笔画出。华君武用墨笔画人，却特地用红笔画圈，是要说明这个圈儿代表干部审批文件时用的圈阅符号。文件一经红笔圈阅即表获得同意，但这个决定事务落实的红圈却被踢来踢去，部分干部的懒政和不作为被生动形象地刻画和揭批出来。

有意思的是，赵朴初也为自己的这首《画圈儿》配了一幅画，画中两人一个头顶三根毛，另一个四根毛，手中都拿着毛笔，当为诗中所说的"小三"和"小四"。在"小三"和"小四"之间，赵朴初又画了三个圈，从高到低，象征着滚动下落的皮球，富有动感。虽然这幅画是一份未完成的草稿，但从中可以看出赵朴初很强的造型能力和表现能力，简简单单的几笔，就将人物形象刻画出来，非常传神。

20世纪50年代，赵朴初有感于开会之繁、会务之虚，曾写过两首打油诗讽刺到处赶会的人，1989年某次会议上，

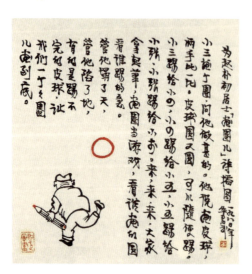

华君武漫画《画圈儿》 1980年

《画圈儿》手稿　1989年

赵朴初突然想起当年的旧作，于是拿起画笔，信手画了一张漫画。

这张名为"碰头会"的墨稿，一共画了两个简笔人物，第一人夹着大皮包，正在大步快走，帽子飞离脑袋，足见行走迅捷如飞；第二人正在张口说话，右手举起，伸出食指，以助宣讲，其人面部形象夸张，一张大嘴特别显眼。在这两人上方，赵朴初题了当初写的两首六言诗：

听得一声碰头，急急忙忙赶去。皮包应有尽有，脑子忘在家里。

脑子忘在家里，带来两片嘴皮。一二三四五六，还有丙丁甲乙。

两首诗用了连环体的顶真手法，讥讽有些只知赶会的人"没有脑子"，开会时也是用口不用脑，说些无关痛痒的废话。对于这些很有

《碰头会》手稿　1989 年

代表性的现象，赵朴初特别善于捕捉和提炼其本质，短短 48 个字在前，寥寥数笔描画人物在后，诗画对照，一看就能明白意图，让人联想到现实生活中的类似情状，忍俊不禁。

　　曾经担任赵朴初秘书的景伟回忆，赵朴初好几次以遗憾的语气说："我应该是可以画画的。"从《画圈儿》和《碰头会》不难看出，赵朴初非常善于把握人物的特征，又有巧思，能够轻松画出他想表达的内容，只是繁重的公务使他未能将这个兴趣继续发展下去。

　　赵朴初画人，人也画赵朴初。

　　1995 年 5 月 7 日，画家李延声带着纸笔到医院看望赵朴初，想给他画一张像。李延声喜欢画人物，尤其擅长用毛笔当面速写，他笔下的名人大都着墨不多，数笔之间即见风采。

　　赵朴初愉快地答允了李延声，简短的交谈之后，没过多会儿，李延声就画好了。画上的赵朴初眉间微蹙，嘴唇紧抿，显得清癯峻毅，亦见哲思。

赵朴初看着画像，笑了笑，点点头，接过李延声的画笔，在画像下边写了几句话：

毛主席问："赵朴初，即非赵朴初，是名赵朴初，佛教有这么一个公式吗？"

我答："有这么一个公式。"

毛主席问："怎么？先肯定，后否定？"

我答："是同时肯定，同时否定。"

这段对话实有其事。1957年，赵朴初陪同柬埔寨来访的胡达法师去见毛泽东，客人未到之前，赵朴初先到了，毛泽东饶有兴致地和他聊起佛学，于是有了这样几句答问，但谈到这里胡达法师来了，话题便没能继续展开。赵朴初曾在《佛教常识答问》的自序里提及，他觉得书中有关"缘起性空"思想的讨论，可能补充自己当时想对毛泽东表达的内容。

画中的人物当然是赵朴初，但人物经由画家创造，成为画像，还是本来的那个赵朴初吗？是，或不是，本来的赵朴初又各在哪里呢？看着"画中我"，赵朴初很自然地思索"名""实""物""像"之间有趣的关系，因此题写了这段有趣的对话。

李延声的一张肖像画，如同让赵朴初想起往事的因缘，而往事中的那段问答，也像一场因缘，开启了赵朴初关于"诸法因缘生"的思考。因缘，确实妙不可言。

赵朴初面目慈祥，令人心生欢喜

李延声笔下的赵朴初 1995 年

邓伟镜头中的赵朴初　1995 年

百年巨匠
Century
Masters
赵朴初
Zhao
Puchu

和恭敬，很多摄影师也爱为他拍照，著名人物摄影家邓伟即是其中一人，而从起心动念到最终遂愿，邓伟等待了十多年。

大学就读于北京电影学院摄影系的邓伟，在毕业前后自费旅行全国，拍摄完成了中国文化名人肖像摄影计划。1990年，邓伟应邀赴英国讲学，从此开始自费环球拍摄世界名人，七年间足迹遍及五大洲。

1995 年的夏天，有赖陈邦织外甥女杨百琦的介绍，邓伟来到赵家为赵朴初摄影，早在十几年前，邓伟就想给赵朴初拍照了，那时候他背着相机来到赵家门口，但被工作人员拦下了，没能如愿。

这回由于提前预约和恰当安排，赵朴初接受了邓伟的拍摄邀请，从久住的医院回到家中。那天天气很好，赵朴初精神也不错，他穿着灰短衫、长裤和拖鞋，坐在院子里的石凳上，脊背挺直，身后是郁郁葱葱的青竹，阳光下闪耀着金辉。邓伟凑近赵朴初，距离不足半米时按动快门，留下一张大特写。

赵朴初笑了："这么近给我拍照还是头一回。"邓伟拍摄过的世界名人超过一百位，熟悉他的外国友人常称他为"0.45 米的邓"。

拍完照，赵朴初请邓伟参观佛堂，然后一同到客厅小坐。赵朴初让邓伟吃西瓜，自己展纸提笔，写了一幅字送给他，内容是集《诗品》句："万取一收，超以象外"。赵朴初一面把字递给邓伟，一面

题赠邓伟 1995年

说："一棵树在荒野上，难长活、长好，与周围的空间环境也不一定协调。如果是一片林木就大大不同了。所以，改变环境单靠一棵树是远远不够的。"

邓伟琢磨着赵朴初的话，觉得很有寓意，但一时间也没法深入领会。从赵家告辞后，他的脑海里满是阳光下挺拔修长的青竹。佛语云"青青翠竹，尽是法身"，赵朴初在青竹之间，竟让邓伟恍惚，莫辨"物""我"之别了。

敢将退笔写华笺

　　1987 年 6 月，中国民主促进会全国代表会议在京西宾馆召开。此前一个月，94 岁的叶圣陶口述了一封给全体代表的信，请求辞去民进中央主席职务。代表们都很体谅叶圣陶的高龄和身体状况，对此并无异议。大会召开期间，叶圣陶抱病前来向同人问好，并作临别赠言。叶至善回忆，父亲的讲话中引用了不少文言，有两句话像绕口令一般，大家多未听清，只有赵朴初明白了，他转述出来并让大会印发，原来是《大学》里的"有诸己而后求诸人，无诸己而后非诸人"。叶圣陶借用先哲的话语劝勉大家，遇到问题多在自己身上找原因，注意提高自身的修养和水平，对于一件事，要自己先做到，才要求别人去做，自己没有某方面的过错，才去要求别人不要做某事。

　　民进中央向德高望重的叶圣陶发了致敬信，并推选他为名誉主席。这次会议实现了民进会史上的新老交替，在领导班子年轻化的道路上迈出了重要一步，而民进也非常重视老同志的经验和影响，因此特别设置了一个顾问机构 —— 民进中央参议委员会，推举赵朴初担任主席。

　　赵朴初在参议委员会第一次全体会议上发了言，对大家的信任表示感谢，他说："虽然我的年事日高，身体也不如从前，其他工作负担也较多，但我作为民进的一个老会员，这是义不容辞的，我应当把这个新的任务承担起来。我想，依靠全体参议委员的共同努力，我们是有信心做好今后工作的。"赵朴初思考了参议委员会的性质和任务，

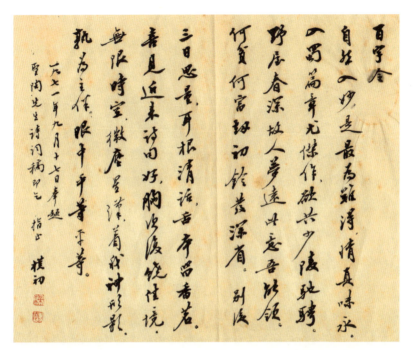

书赠叶圣陶　1971 年

指出它不该仅是荣誉机构，还要干些实事，既要参政议政，对国家大事提出意见建议，也要对会务工作提出建议，提供咨询监督。

赵朴初同时也坦言，参议委员会成员毕竟大多高龄，精力和身体都受到一些限制，不可能像在第一线的年轻同志那样做很多的工作，因此工作上既要尽力而为，也要量力而行。赵朴初还对参议委员会成员强调，大家在会内都有一定声望，得到了年轻干部和中青年会员们的尊重，一定要以身作则，在本会的自身建设上作出好的榜样。

讲话受到大家的热烈欢迎，在担任了这个具有荣誉性质的职务之后，赵朴初也开始思考老年人应该做的事，同时以老年人的状态和思维与世界相处。在两首题为《老人何所好》的诗里，赵朴初写出了自己的老年生活：

老人何所好？陈醋与新茶。陈醋助饱食，百忧驱海涯。新茶荡心胸，文思发奇葩。我生曾值两皇帝，军阀混战乱如麻。外寇吞噬若狼虎，救亡许我一臂加。幸遇共产党，创建新中华。每过天安门，意气干云霞。虽老不倚老，竭力献尘沙。北友许我醋，南友许我茶。不嫌酸与苦，洋洋乐有加。

老人何所好？偏好线装书。轻软便携持，卧榻或行舆。杜诗与韩笔，随时得与俱。不似洋装书，捧之若砖瓦。安得信手翻，一目十行下。莫嗤老腐儒，平生惯挨骂。待君老之至，便知非笑话。

作为一个饱经世变、惯看沧桑的老人，赵朴初借品尝友人所赠醋茶而得微酸和微苦之感，回顾了一生的经历和事业，"虽老不倚老，竭力献尘沙"是他壮心不已的肺腑之言；而年老力弱之时，也有更多的心情去反思和体悟传统文化，因此赵朴初又言其"偏爱线装书"。

赵朴初曾举汉代伏生九十传经的例子告诉大家，老人的一个长处和优势在于能够把古代的好东西传下去，不仅包括知识，还包括做人的道理，他经常会找些古今中外的格言写下来，既给自己看，也是在劝导年轻人。爱因斯坦有段话，赵朴初为之标题为"每天的提醒"，大意是每天不下百次地提醒自己，不管是物质的、精神的多个方面，都在依靠他人，因此要以同样的劳动来补偿，如果没有付出劳动就深感不安；还有陶行知的"每天四问"：一问我的身体有没有进步，二问我的学问有

赵朴初在家中小院读萧克将军回忆录

没有进步，三问我的工作有没有进步，四问我的道德有没有进步。这些格言常被赵朴初抄写出来送给后辈学子。

民进中央参议委员会将老有所养、老有所学、老有所乐、老有所为作为一项工作，赵朴初认为这个提法很好，老有所学、老有所为是对传统老年工作的一个发展，他的经验是十六个字："只有振作，才有精神；振作起来，虽老不老。"一天赵朴初在自家院子里散步，突然摔了一跤，幸好没有受伤。赵朴初并未因此影响心情，他还特意作了一首诗："訇然震屋玉山倒，奋身起看满天霞。不踬于山不于垤，老夫九十杖于家。"赵朴初把诗抄寄给刘艺中，请他刻了一方"九十杖于家"的印章，用在自己的书法作品上。认识自己的老，并安然接受，甚至对老年的自己仍然有所欣赏和期许，这算是真正做到了"虽老不老"。

赵朴初晚年的心态，堪称老年人中的典范。《长寿》杂志创刊时，赵朴初题写曹操的诗鼓励老年朋友老骥伏枥，《中国老年》创刊之

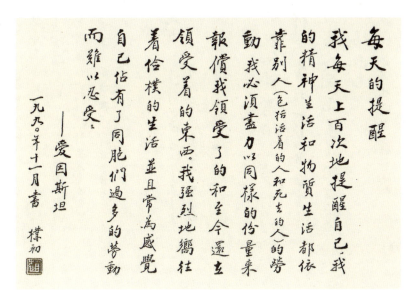

书"每天的提醒" 1990 年

百年巨匠
Century
Masters
赵朴初
Zhao
Puchu

书"老夫九十杖于家" 1993年

《中国老年》
创刊题词
1983年

题《老年生活
名言集》
1988年

书"跃跃壮心殊未已" 1999年

书"信知来者胜今吾"
1998年

书"敢将退笔写华笺"
1998年

际，他再次题赠"养怡之福，可以永年"的赞语。邓颖超告诉赵朴初："要劳逸结合，重点放在'逸'上。"赵朴初也觉得，过于繁忙，没了闲暇，反而什么事情也做不成，难以进步，如何把握好"劳"和"逸"在生活中所占的比重，这是求学之道，也是养身之道。在人生的不同阶段，要调试好不同的状态，赵朴初很好地做到了，晚年他常居病院，但意志从不消沉，反而壮心跃跃，不仅以"步行六百米"为日课保持自己的健康，更称"人间万事须调理"，勉力处理好社会事务和人际往来，他也从不因为年纪长、经验多而过多干预主持工作的年轻干部，因为"信知来者胜今吾"。赵朴初在诗中充满智慧地说，自己的这支退笔，依然有勇气在精美的华笺上书写雅致的歌辞，这是他安顿自己心灵的方法，也是老年的他与外界相处的良好方式。

遗　嘱

1995 年 5 月，第一届中日韩三国佛教友好交流会议在北京成功召开，赵朴初作为大会的组织者，忙前忙后，很多事亲力亲为，繁重的工作让年近九旬的他略感吃力。

三个月后，正值世界反法西斯战争和中国人民抗日战争胜利 50 周年，赵朴初作为中国宗教界和平委员会主席，精心策划了一个纪念座谈会，他亲自起草《中国宗教界和平文告》，向宗教界发出倡议，将每年的 8 月 14 日至 8 月 20 日定为中国宗教徒祈祷世界和平周，届时全国各宗教团体要举行各种宗教仪式，共同祈祷世界和平。15 日当天，赵朴初出席了"纪念世界反法西斯战争胜利和中国抗日战争胜利 50 周年祈祷和平法会"，佛教、天主教、基督教、道教、伊斯兰教等中国五大宗教同时在全国范围内组织了祈祷世界和平的活动。此次活动涉及全国 30 个省、自治区、直辖市，其规模和影响之大，为新中国宗教界前所未有。

忙碌的赵朴初难以偷闲，他刚刚于 10 月出席完 21 世纪中日佛教友好交流展望座谈会，又开始为认定十世班禅转世灵童金瓶掣签仪式做准备工作。六年前，十世班禅在西藏日喀则扎什伦布寺主持五到九世班禅合葬灵塔祀殿开光大典时，由于过度劳累引起心脏病突发而圆寂。就在此前离京赴藏之际，班禅还对友人说："合葬五世至九世班禅，为灵塔祀殿开光，是我这些年来最大的一桩心愿，办完这件事，我就是死，也瞑目了！"谁知一语成谶，大典结束后，班禅真的在生养他的那片土地上往生。

十世班禅圆寂后，国务院立即组织成立了由赵朴初和帕巴拉·格列朗杰任总顾问的班禅转世灵童寻访班子，按照宗教仪轨，如法如律地进行诵经祈祷、朝湖观影、秘密寻访和验证遴选。1995 年 11 月 29 日，认定十世班禅大师转世灵童金瓶掣签仪式在西藏雪林·多吉颇章如期举行，仪式依据藏传佛教的既定

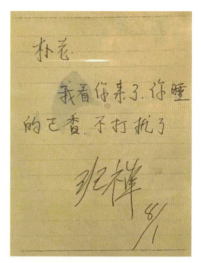

十世班禅写给赵朴初的便条　1988 年

仪轨进行，最终完成了中签灵童坚赞诺布的班禅转世真身认定。因为身体原因，赵朴初难以远赴西藏，但为册立典礼发去了贺信。在听取佛协副会长嘉木样关于典礼情况的汇报后，赵朴初点点头："藏语系佛教在我们整个佛教中占有重要的地位，要加强三大语系佛教的交流，藏语系佛教要造就出像喜饶嘉措那样的大师。十一世班禅聪颖过人、雍容大度，是个好苗子，再加上有强巴洛卓大格西作经师，相信在西藏以及各族佛教界的护持下，一定能够成长为利国利民、爱国爱教的藏传佛教领袖，继承好十世班禅大师的行愿。"

就在最繁忙劳累的时候，赵朴初的身体终于发出了警告，1995 年的最后一天，赵朴初在家中突发心脏病，昏厥过去，心脏竟然也停止了跳动，家人和秘书火速将他送往医院进行抢救。

赵朴初醒来后，医生给他进行了细致的全身检查，认定这次病发完全是劳累所致，他们告诫赵朴初要注意休息，至少一个半月不能工作。

赵朴初住在北京医院，尝试着过了一段"遵医多饮水，阅世但观

书"的闲适生活。时刻陪护在身边的陈邦织心中倒是很高兴，因为住进医院，前来找赵朴初的人就没那么多了，他的工作负担也减轻了不少，终于可以好好休养一段时间。

在北京医院，赵朴初和冰心成了"邻居"，冰心住三楼304房，赵朴初住四楼411房。他们同是民进中央的领导人，也是关系要好的文友，赵朴初和冰心的丈夫吴文藻也很熟。早在1955年，赵朴初参加禁止原子弹和氢弹世界大会时，就认识了同机赴日访问的冰心。在医院里，冰心的外甥经常会把她推上楼来，让两位老人尽情谈天。

1995年8月间，96岁的冰心突然想到了后事，她对外孙陈钢说："我百年之后要和文藻葬在一起，墓碑上我俩的名字就请你们的赵舅爹来写，我们都爱他的一手好字。以后出版我的全集，书名也要请他来题。"赵朴初得知冰心提出了这个要求，不禁为难起来："大姐还在世，我怎么忍心写碑文呢？"其实，赵朴初和冰心都是随缘任运的达观之人，两位九十高龄的老人都对生死看开了，赵朴初最终还是遵嘱写了"吴文藻谢冰心墓"七个字。冰心拿到题字后反复欣赏，特别高兴。

赵朴初与冰心交谈

为尚在人世的友人题写墓碑，这在赵朴初是第一次。写完后不久，赵朴初也开始考虑起自己的后事来，他想，趁着自己思维清晰，要把身后的事交代好。回想自己走过的岁月，虽然不能说波澜壮阔，但也是起伏跌宕，颇有值得回顾的地方，人身难得，佛法难闻，一生中能接触到那么多众善知识，还能共同护持正法，实在欣慰，即使现在离开

赵朴初在病房写下遗嘱

人世，也没有什么遗憾可言了。赵朴初坐在病房的小桌前，取来一支黑管毛笔，一边蘸墨、一边理清思路，在一张裁好的宣纸上慢慢地写下酝酿好的遗嘱：

> 　　关于遗体的处理，我曾在二十多年前写过遗嘱，置书橱屉内，不知缘何失去。今尚记忆原文大概，再书之。
>
> 　　遗体除眼球献给同仁医院眼库外，其他部分凡可以移作救治伤病者，请医师尽量取用。用后，以旧床单包好火化。
>
> 　　不留骨灰，不要骨灰盒，不搞遗体告别，不要说"安息吧"。

赵朴初虽然90岁了，耳朵不灵光，眼睛却很明亮。他一生节俭，过着几乎可以称得上是"清贫"的生活，内衣缝缝补补，已和百衲袈裟无别。生前无意享乐，死后又怎会在乎自己的皮囊。赵朴初希望自己离世后，遗体还能帮助一些需要移植器官的病人，为世人做出最后的一点奉献。

看着病房里友人送来的鲜花，赵朴初意犹未尽，又在遗嘱后题写了一首偈语：

> 生固欣然，死亦无憾。
>
> 花落还开，水流不断。

遗嘱并偈语一首　1996年

我今何有，谁欤安息？

明月清风，不劳寻觅。

诸法无我，因缘而生、因缘而灭，人的生死和花开花落、月圆月缺实无分别。既然"我"都没有了，还要说什么"安息"呢？赵朴初知道，自己要是离开人世，亲戚朋友一定会以各种方式来悼念他，但他并不希望如此。所谓"明月清风，不劳寻觅"，说的是自己就算肉体不在了，但精神仍处在自然万象之间——如此已然足够。

赵朴初认认真真写下的这幅遗嘱，也是一幅绝佳的书法瑰宝，每个字虽只有指甲盖大小，但风神俱足，显现出落花无言、人淡如菊的静穆之美，笔墨间绽溢出悟得禅机后的拈花一笑，充满了无尽的意蕴。

回到阔别六十四年的故乡太湖，赵朴初看到象征赵氏祖先荣光的状元府早已沉入花亭湖底，他没有怨愤，心底的声音却是「问还存几多光热，报我乡邦」。

丝路之行了却了赵朴初多年的心愿，再护佛牙远赴香港则成为他生命中最后一项重要使命。

刚刚跨过新世纪的门槛，赵朴初离开了深爱的世界，他的灵骨被乡亲迎回太湖，长伴山间的明月清风。

众生无尽愿无穷

1951 年，赵朴初写信给弟媳贺孟珍，嘱咐她将母亲的遗骨取出，带到安庆迎江寺安放。贺孟珍在乡人的帮助下找到母亲遗骨，在太湖县城东的海会寺火化超度，之后她将骨灰带入迎江寺大士阁，安置于往生堂，并请僧人做了法会。

1958 年，全国政协组织党外人士到各地考察调研，赵朴初和梁漱溟、章士钊等一起来到安徽，参访活动结束后，赵朴初借机回了一趟安庆，探望年迈的父亲赵恩彤。在安庆逗留的两天内，父子见面，多有交心。赵恩彤从上海回到安庆后，担任了市政协委员，每月有一笔固定收入，赵曙初在安庆二中教务处刻英文钢板，日子也算过得去。

赵朴初调入北京工作之初，虽然工资不高，花销也大，但仍坚持把一半工资寄给父亲和弟弟一家，自己和陈邦织尽力节省，生活过得相当简朴。此番回乡，赵朴初特意去迎江寺祭拜了母亲，往事历历在目，如今已是天人两隔。"子欲养而亲不待"，赵朴初对此已然有了深深的体会。

1960 年夏天，赵恩彤病逝，享年 76 岁。赵朴初其时正在国外出访，一时无法赶回，赵曙初遵照哥哥的意见，赶紧办理了丧事，将父亲的遗体送到迎江寺坐缸火化。当时

赵朴初珍藏父亲的书法

正值三年困难时期，家中买不起火化用的木材，更刻不起碑，赵曙初请人安葬好父亲后，只能在坟上暂放一块石头作标记。赵朴初回国后赶往安庆，兄弟俩通过在公墓办事处查找登记册才找到父亲的坟头。赵朴初在坟前想到父亲满腹才华和抱负，在乱世之中一直未得施展，国家刚刚安定便已进入垂老之年，于今埋骨之处又是如此凄荒，不禁心酸落泪。

回到北京后，赵朴初又投入了繁忙的工作中，他时常关心亲人的生活、后辈的成长和家乡的建设，倏忽 30 年过去，当赵朴初重启还乡之旅时，他已经是年过八旬的老人了。

按照事先的工作安排，1990 年 9 月 11 日，赵朴初将去四川峨眉山出席金顶华藏寺落成典礼暨佛像开光法会。但 8 月下旬时，赵朴初接到安徽九华山管理处和佛协联合发来的请柬，邀请他赴九华山参加第八届庙会。两相权衡，赵朴初认为回乡的机会难得，而峨眉山已经去过多次，最终决定回访故土。他为这次故乡之行做了很多准备，还亲笔抄录了自己三年前访问琉球时所作的一组诗词，连同先祖赵文楷在琉球的几件石刻书法墨拓，一起装入行囊，打算带给家乡父老留作纪念。

中国佛教四大名山，分别为四大菩萨应化度生的道场，其中九华山是地藏菩萨的道场，宣表大乘佛教重誓愿的大愿精神：地藏菩萨有"众生度尽，方证菩提；地狱不空，誓不成佛"的大愿，历来为信众所敬仰崇拜。他的化身唐代高僧金乔觉是古代新罗（今朝鲜半岛）人，因此每年朝韩两国都有很多佛教徒和善信前来九华山朝拜。

9 月 17 日，赵朴初夫妇在安徽省政协副主席徐乐义等人陪同下，乘车经安庆过池州至九华山，到达时已是下午 4 时，赵朴初告诉工作人员：先拜菩萨，再下榻。车队在聚龙宾馆广场停下，赵朴初一行下车后径至祇园寺，当地的居民和游客一下围聚过来，纷纷争看这位传说中的"活菩萨"。广场上的人越聚越多，"人山人海"已不足以形容当时的盛大场面，工作人员也吓住了，原来安排的欢迎赵朴初的僧侣团队也不知被挤到哪个角落去了。赵朴初走进庙门，拈香拜佛，结束礼拜之后，他向在场者微笑合十致意。

次日上午，九华山当地气温高达 30 多度。在仁德法师的陪同下，赵朴初来到十王殿，参加十王殿丈六金身地藏铜像开光仪式和重修十王殿竣工庆典。十王殿之十王即阴间地府十殿阎王，殿内雕绘有反映佛教因果轮回的地狱场景。十王殿在"文化大革命"后期毁于一场大火，重建之后，僧人和信众在其内安放了一座高 55 米、重 5 吨的地藏王菩萨铜像。赵朴初环视大殿，赞不绝口。

在十王殿前，赵朴初发表了讲话，他站着大声讲了半个多小时，最后动情地说道："安徽是我的老家，九华山是我深深向往的佛教圣地，地藏菩萨更是我深深敬仰、时时效法的崇高典范。我虽离开家乡数十年，一直在外地工作，但我时时都在怀念生我养我的故乡山水，时时都在思念家乡的父老兄弟。星霜数十载，直到耄耋之年才能返回桑梓，朝拜九华山佛教圣地，看望家乡的父老兄弟，酬偿多年的夙愿，尽管迟了一点，毕竟回来了。此刻的我，面对这名山胜会的壮观场面，真是心潮起伏，万念萦怀，即使通身是口，也无法倾诉我此时的心声。"

赵朴初还语重心长地对僧众说："佛教是主张'知恩报恩'的。我们的佛教，我们的名山大寺，能有今天这样欣

赵朴初在十王殿落成典礼上讲话

欣向荣、兴旺发达的盛况，是和我们国家改革开放、政治稳定分不开的。我们要以弘法利生、管好寺庙、爱护文物、培养僧才，做好海外联谊和对外友好工作、遵纪守法等爱国爱教的实际行动，来报国家恩、报父母恩、报三宝恩。"现场掌声经久不息，十王殿山门大开，钟鼓齐鸣，赵朴初与九华山各大寺院的住持在香赞声中一同参拜地藏铜像。

赵朴初还前去朝拜了恭置金乔觉菩萨肉身的月身宝殿。佛教避"肉"字，而骨肉之"肉"与"月"在文字学上相通，因而肉身宝殿写作"月身宝殿"。从十王殿前往月身宝殿的路皆为上坡，走起来相当吃力，考虑到赵朴初已是83岁高龄，工作人员专门准备了一台轿子。谁知不论什么人前来劝告，赵朴初就是不肯上轿，他指着一旁抬着轿子、气喘吁吁经过的民工说："你们看看，抬轿子的是人，我也是人，我怎么忍心让人家抬我，让他们流那么多汗、吃那么多苦？我不能看众生为我受苦。再说，哪有坐着轿子去礼佛的呢？"这时又有工作人员使计，请赵朴初坐上轿子照一张相，赵朴初拗不过大家，坐上了轿子，但照完相后就下来了，仍然坚持自己走，步履劲健，精神很足。仁德法师说："朴老呀，您精神可嘉，但也要注意自己身体啊。"赵朴初笑言："我明白，有地藏菩萨的加持，我的身体不是很好吗？"同行的人纷纷感叹，赵朴初时刻为众生着想，正体现着地藏菩萨的精神。

来到宝殿，赵朴初向菩萨肉身叩头三拜，口中诵经不辍，拜完之后又围着地藏菩萨塔绕行七圈，围观信众也随他绕塔而行。当天下午，赵朴初又来到海拔800多米的百岁宫，参拜明代高僧无瑕和尚肉身。这位住世126岁的老僧被称为"百岁公"，圆寂之后，入缸三年肉身不腐，面色如生，僧徒为之建塔供养，崇祯皇帝赐无瑕肉身塔名"莲花宝藏"，以金粉涂真身。百岁宫始建于明代，1982年重修，是典型的皖南民居式寺庙，五层高楼融山门、大殿、肉身殿、库院、斋

书"众生无尽愿无穷" 1991年

堂、僧舍为一整体，没有单体建筑的配置，类似广东侨乡碉楼，又有些西方城堡的样式。

赵朴初一贯强调佛教徒要重视学习和教育，1990年初，在他亲自过问和大力支持下，九华山成立了佛学院。9月19日上午，佛学院第一届学僧开学典礼在甘露寺举行，赵朴初在典礼上即席发表演讲，他希望学僧们珍惜来之不易的学习机会，要立大志，要有献身的精神，要向玄奘大师、鉴真大师学习，他还勉励学僧不仅要学好佛法，还要学好文学、历史、法律。

当天晚上，赵朴初回到下榻的东崖宾馆，应邀为九华山的各处寺庙、大殿题写匾额、楹联，忙完之后已近深夜，他正准备洗漱休息，忽然来了灵感，又重新提起笔，稍作酝酿，落墨写出一首《临江仙》：

影静心苏山色里，是何意态雍容。朝霞暮霭映群峰，神光离合处，秀出九芙蓉。　　安立道场端正好，清泉清磬清风。众生无尽愿无穷。可能空地狱？三界佛香中。

起句言九华山色，仿佛因佛光的浸照而显得安静祥和，钟声中赏朝霞，鼓声中观暮霭，云舒云卷之间，禅意乃见。李白曾有诗写九华山："昔在九江上，遥望九华峰。天河挂绿水，秀出九芙蓉。"赵朴初借用前人成句，写出目下远眺的九华神采。下片由景转入情与事，言及地藏王菩萨的大愿——所谓"众生无尽愿无穷"，正是赵朴初最为感佩之处。

老大始还乡

离开九华山后，赵朴初一行游览了太平湖、黄山和西递村，每到一处，他都赋诗留念，随行者无不惊叹他诗思之迅捷、诗兴之盎然。

25 日傍晚，赵朴初夫妇抵达安庆，第一个目的地即是迎江寺。方丈皖峰法师此时已率众列队于山门外，将来宾迎入。参拜完佛像之后，赵朴初被请到贵宾室，听取皖峰法师介绍迎江寺和安庆佛教的发展情况。

晚餐时，赵朴初特意喊来了侄辈亲属，想了解一下他们生活状况如何，是否需要帮助。侄辈、孙辈陆续来到迎江寺旁边的素食馆，赵朴初热情地拉着他们一一落座，详细询问。晚辈们见到赵朴初，都很激动，虽然因为陪同人员太多而于谈话伊始显得有些拘谨，但很快就放松下来，向赵朴初介绍现状，表示家中一切都好，不劳挂怀。赵朴初非常高兴，一边招呼大家吃菜，一边说："我好多年不曾到安庆了，这次回家，非常不容易，明天上午和你们一起去看看爷爷的坟。"

次日，赵朴初和亲属们一起从马山宾馆出发，来到安庆市郊二里半公墓。在侄女婿黄立言的指引下，谢绝警卫员搀扶的赵朴初爬上西北面的小山腰，再次看到父亲的坟墓。时届暮夏，江南初见秋色，小山上的草已经荒芜，墓碑也因为年久失修而有些剥蚀。赵朴初伫立在基碑前，思接往事，禁不住流下泪来。他转过身来对晚辈们说："当初安葬老爷爷的时候，他的坟就已经不好记认了，现在年久失修，上面的字也看不清了，周围也增添了许多新坟，为了方便咱们以后来祭

赵炜如先生之墓

为父亲题写　写给侄女夫妇的信
墓碑

五言、太平:
　　苏坡寄人民币式仟元
到中国银行安庆支行营业部
01826/00/1972户，望洽取。
　　　　　　　　　伯父
　　　　　　　11月23日
顺便问一下：前三、四年，毕英未
到北京，说你们娜妹三人曾备出
壹仟元孝敬母亲，有无此事？

赵朴初夫妇在世太史第

拜，要将它修一修，扩大一下墓基，重新刻碑。"黄立言点点头，表示一定办好这件事。

从父亲的安息之处回来，赵朴初还去看望了弟媳贺孟珍，又到天台里看了看自己的出生地世太史第。在当地街道负责人员的带领下，赵朴初夫妇从后门来到世太史第东四进，这里已经破败不堪，天井也被当地居民乱搭乱建，堆满了生活用具，十分杂乱，许多格局都已改变，和赵朴初记忆中的样子完全不同了。陪同的安庆市委统战部和文化局负责人提议要修缮故居，赵朴初说："修缮是好事，但第一切不可扰民，第二不能麻烦政府花太多的钱，我看暂时就这样吧。"说着，赵朴初双脚向门槛跨过去，工作人员姚中亮马上要搀扶，赵朴初笑说："现在是你们来到我的家里，应该是我牵着你们参观呀。"

写给财务科的便条

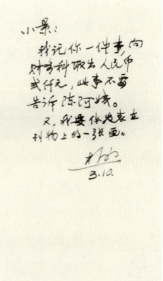
写给秘书景伟的便条，让其向财务科取出人民币二千元，叮嘱"此事不要告诉陈阿姨。"

27 日，赵朴初在市内参观，倒趴狮商业街、徐锡麟塑像、人民路商业中心一路走过看过，用时不多，于是他提议再访迎江寺，主要是想去大士阁凭吊母亲。迎江寺是赵朴初母亲陈仲瑄骨灰供放之所，也是堂姐赵颖初绝食殉教之地。赵朴初对于父母一直心存歉疚，他对皖峰方丈说："皖老，大士阁没有修好，迎江寺只能说是修好了一半啊！"皖峰点点头："请朴老放心，我已有计划，下一步就修大士阁。"赵朴初专门寄来两千元表达感谢，又捐款两万元作为维修振风塔的经费。

28 日早晨，赵朴初在市委书记方兆祥等人的陪同下，来到位于安庆市北门外十里铺乡叶家冲的陈独秀墓拜谒。陈独秀生于 1879

百年巨匠

Century
Masters

赵朴初

Zhao
Puchu

年，年长赵朴初 28 岁，其祖上陈啸峰与赵朴初的六世祖赵文楷曾是好友。1946 年底，陈独秀家族重刻宗谱，前有"丙辰科进士殿试钦点一甲第一名授翰林院修撰"赵文楷写于"嘉庆三年岁次戊午桂月"之序，在序言中，赵文楷述及他与陈独秀祖上的交往和作序缘由："陈氏啸峰先生自皖迁太，去余庐数武遥。幼自相狎，长相友。品学素所推重，延为西席课诸侄辈。戊午夏爰修家乘，邮寄问序于余。"可知两家颇有交往，渊源很深。陈独秀是中国近现代史上有重要影响的人物，赵朴初曾于"五四运动"70 周年之际写过一首《相见欢》："当时志士纵横，废和兴。七十年来终见转乾坤。　　看治理，九万里。又新程。奋起德先生与赛先生。"此次赵朴初回到安庆，一定要来看看这位了不起的同乡前辈。

1947 年，陈独秀的灵柩从四川江津迁回家乡，与原配夫人高小岚合葬，可惜坟墓在"文化大革命"中被捣毁。1982 年，安庆市政府曾拨专款两万元对之进行整修。赵朴初面对陈独秀墓，拾阶而上，当他看到墓碑上陈独秀姓名之下竟无"同志""先生"之类称谓，不由愣住。他沉默了一会儿，对方兆祥说："陈独秀是共产党一至五届总书记，在历史上有过也有功，但他墓碑上连个称呼都没有，我看说不过去，对他不公平。我知道，现在称他为

致皖峰法师信　1993 年

'同志'还存在一些困难，但最起码可以称呼'先生'吧？"后来，安庆市政府又专门拨款再次维修了陈独秀墓，建成一处"独秀园"，园名由赵朴初题写，内有生平资料陈列室，而墓前石碑上陈独秀名后，也加上了"先生"二字。

　　对于陈独秀受到的不公正待遇，赵朴初一直耿耿于怀，他专门写了一首诗，诗题就叫"陈独秀墓"：

为安庆题词

> 途穷不改寸衷丹，定论终难到盖棺。
>
> 照世心光无愧怍，破关虹气处艰难。
>
> 直呼益显行高狷，遗著犹能激肺肝。
>
> 一束生刍千古泪，谁欤何处不须参。

　　陈独秀性格狷介清高，一旦认定道理就不会低头。作为中国共产党的主要缔造者，他有大功，他在狱中写过"行无愧怍心常坦，身处艰难气若虹"的对联，晚年有诗云"幸有艰难能炼骨，依然白发老书生"，表现出知识分子崇高的气节和不畏苦难的可贵精神。赵朴初诗中这句"直呼益显行高狷"，高度赞扬了陈独秀的高风亮节，佳句点化之间，也表露出对现实的无奈之慨。

报我乡邦

百年巨匠
赵朴初
Century
Masters
Zhao
Puchu

太湖县是赵家数代生活过的地方，赵朴初从这里走出去后，已有64年没有回来了。1990年9月29日，52万太湖人民终于盼来了他们敬爱的朴老。上午10点半，赵朴初夫妇到达龙山宫宾馆，稍事休息后，即在宾馆的会议室里和太湖县有关负责同志座谈。

赵朴初认真听取汇报后，开始了一段动情的发言："我少小离家，现在是老大方回，太湖话本来我还能讲，但多少年没用了，还是讲普通话吧。我一回来就受到热情接待，我非常感谢。我虽然年岁大了，现在老家亲属没有了，尽管这样，太湖还是我的父母之乡，我是太湖的儿子，所以我非常想念太湖，连做梦都想到太湖，我……"赵朴初心情十分激动，一时哽咽，热泪流落。陈邦织递来手帕，他接过后擦了擦眼角的泪水，呷一口茶，调整了一下情绪，接着说："常听说家乡太湖不太富裕……"这时，赵朴初再也控制不住感情，老泪纵横，竟放声痛哭起来。

整个会场的人都呆住了，他们无不为赵朴初的真情打动。大约停顿了一分钟之久，赵朴初拭净眼泪，

赵朴初回家乡热泪纵横

又说道："所以，人总有一个感情，总想看到一个繁荣富裕的故乡。我这次回到安徽来，首先到合肥，我 1951 年到合肥，那时皖南皖北分开，国民党留下一个烂摊子。我 1958 年再次回合肥，形势大变，皖南皖北合并，已经很有进步。这次我从合肥到九华山参加佛事活动，为回家乡找到一个理由。再说，我是做宗教工作的，全国佛教四大名山，三大名山都已去过了，就是没有到过九华山，不到九华山也说不过去。到九华山看一看，以后又从九华到黄山、屯溪，目的还是到太湖。我 14 岁离开家乡，到 20 岁时还回来过一次。记得那次还是在上海读书放暑假回来的，以后就没有回来过了。我现在虚岁 84，那么就有 64 年未回过家乡了。那时，我每次到寺前河，路上要走两三天，交通非常不便。现在，我从安庆到太湖，只要两个多小时，交通是大大改善了。1958 年我到安庆，发现有变化，现在是完全变了，坑坑洼洼的路没有了，只有一条老街留下来作纪念，我也到这条老街去过了，没想到安庆有这么大的变化，非常兴奋。我出生在安庆，安庆整个城市现在正向好的方向发展。从安庆到太湖，一路也是那么好。过去，我看到老家人住的房子很差，正如清朝一位诗人写的与牛同行、与猪同食，哪里还有这么漂亮的宾馆！"

　　赵朴初回乡看到这里发生了很大的变化，禁不住高兴地说个不停，既表达出内心由衷的喜悦，也是对当地政府的无形鼓励。县委书记汤传友这时插话讲了花凉亭水库的变化情况，赵朴初连连点头，接着说道："我老家住的地方现在淹在水里面，那时我住在老家寺前河的时候已开始懂事。我是 4 岁从安庆回到老家的，在老家差不多住了十年，记忆还是很清楚的。当然，花凉亭水库只要有利于人民，也是非常自豪的，即使上游受益不多，可是下游很得益，不要打小算盘。我仔细看了市领导给我的文件，现在在搞开发皖江，安庆是四个重点城市之一，我县又是安庆的一个县，这是一个好的机遇，在县委、县政府的正确领导下，我相信太湖的建设一定会大大加快。"

在谈到宗教问题时，赵朴初首先提到二祖寺。禅宗二祖和三祖的道场都在安庆境内，他指出，现在对于二祖寺还有一些争议，有说在岳西，有说在太湖，将来一定会有很多人追溯二祖的足迹，所以考察二祖寺在理论上学术上要有准备。

赵朴初取出先祖赵文楷出使琉球期间所题碑刻拓本，以及自己在琉球访问期间所作八首诗词，赠送给了太湖县人民政府。他对每件文物都做了简要介绍，然后说："我1955年从香港往日本，途中经过琉球。那时中国还未与日本建交。1987年才真正到琉球，是从日本北海道去的。先祖在日本琉球的手书虽然不多，但也有一些。过去的琉球国就是现在的日本冲绳县，日本的县相当于我们的省。我去后，冲绳县博物馆馆长大成宗清把先祖所书的字幅都送给了我。中山王尚温造花园，先祖也题了字，太平洋战争使先祖撰写的碑刻损坏不少。这些都是拓出来的，费了很多气力才拿到手。"这些拓本和赵朴初的墨迹，都被太湖县文管会妥善收藏。

赵朴初最关心的还是教育工作，他冒雨视察了太湖中学。在学校接待室，赵朴初勉励校长要做好人才的智力开发和智力投资工作，并为学校题字："难学能学，难行能行。"这八个字表明赵朴初既重视对学生文化知识的教育，又重视对他们动手和实践能力的培养，与陶行知的教育思想一脉相承。赵朴初还拿出自己的工资和稿费两万元，在太湖设立了"拜石奖学金"，用以鼓励勤奋好学的贫困学子。"拜石"是赵朴初母亲的别号，他以此为名设立基金，也是为了纪念母亲陈仲瑄，他书写的《拜石赞》后来还被刻在太湖中学校园里的石壁上："不可夺，石之坚。天能补，海能填。不可侮，石之怪。叱能起，射无碍。

《拜石赞》 1993 年

其精神，其意态。俨若思，观自在。友乎师，石可拜。"赞语首四句用
女娲炼五色石补苍天和精卫衔石填海的典故，次四句用黄初平牧羊羊
化为石叱石而复变回羊以及李广以箭射石虎的典故，"俨若思""观
自在"则分别出自《礼记》和《心经》，写出石之气定神闲、安稳平静
的灵性。当赵朴初得知乡人为他这幅书迹刻石后，又特意寄给县政协
两千元材料费表示感谢。1997 年，经赵朴初同意，"拜石奖学金"资
助范围推广到太湖全县，一大批学子因之受益，赵朴初本人前后共为
"拜石奖学金"基金会捐赠了 30 万元。

　　1990 年 9 月的最后一天，赵朴初终于来到故宅状元府前。由于
花凉亭水库蓄水，老宅及寺前河老街全部淹没在水底。站在家乡太
湖县花凉亭湖畔，望着已成龙宫的赵家故宅幻影，赵朴初心生无限
感慨：

　　　　老大始还乡，惊见人天尽换装。喜学舍工房，新兴穷镇，
　　茂林佳橘，旧日荒冈。更雄心三年五载熙湖，绿遍东西南北
　　方。　　神驰远景无疆。尽尽情领受，千重山色，万顷波光。
　　不教往事惹思量。任故宅水深千尺，抑又何伤？问还存几多

赵朴初夫妇游花亭湖

光热，报我乡邦。

赵朴初写下这首"自度曲"，送给了太湖县人民政府。一别长达64个春秋，故乡的湖光山色依旧旖旎动人，但却淹没了赵朴初童年的记忆，那象征赵氏祖先荣光的状元府也沉入湖底。赵朴初对此没有怨愤，他心底的声音反而是"问还存几多光热，报我乡邦"。

站在花凉亭湖上的船头，赵朴初望着倒映青天白云的水面，想象沉于湖底的故宅，心中有说不出的感慨。船慢慢远离洪诸畈，视野逐渐开阔，偌大的湖面水气弥漫、气象万端，阳光透过厚厚的云层照射下来，水面泛起闪闪金光。清风徐来，水波微兴，赵朴初瞑目遐思了一会儿后，召唤亲友过来在船头拍照留念。回到北京家中，赵朴初特意把他和陈邦织在船上的一张合影放大出来，摆在会客厅的显眼位置，以便自己时时刻刻都能望见家乡。

"月是故乡明，情是乡人重。少小离家老大回，此句循环诵。"在回京的路上，赵朴初眼望窗外，反复吟咏自己写的这首词，他回想着湖上所见的一切，感觉像是经历了一场大梦。

丝路之行

1992 年 9 月 10 日，"首届中国丝绸之路节"在兰州举行，赵朴初夫妇应邀来到甘肃。宾主相见后，赵朴初的兴奋溢于言表："我是第一次来甘肃，但古丝绸之路和敦煌我神往以久，这次参加盛会，追寻历史的足迹，我非常激动。"他特意填词以抒情：

> 二千年绚烂展丝绸，大秦自长安。念张骞凿空，班超定远，摄竺开筵，玄奘记游西域，马可赞江南。一路英史，壮阔波澜。　　今日风云际遇，喜金城盛会，气象空前。庆玉门大启，雷鼓动山川。讶敦煌、画中人起，抱琵琶、迎日舞飞天。齐欢唱、友声处处，花雨番番。

赵朴初在选择词调上很为用心，这首词调寄《八声甘州》，甘州即今甘肃张掖，因城内甘泉遍地，泉水清冽甘甜而得名。《八声甘州》源于唐之边塞曲，音节慷慨悲壮。词中"摄竺"指的是东汉时印度来华传法的高僧摄摩腾和竺法兰。整篇词章从张骞出使西域开始怀古，写出丝绸之路的悠久历史和灿烂文明，下片所言即所感，文化节的盛况动人诗兴，"画中

《八声甘州》 1992 年

人起，抱琵琶、迎日舞飞天"更见古今交融，一个"讶"字，充分表露出赵朴初初访陇上的惊喜之情。

位于河西走廊最西端的敦煌就在甘肃省境内，早在西汉的文献中就有记载。汉代丝绸之路自长安出发，经过河西走廊到达敦煌，继出玉门关和阳关，沿昆仑山北麓和天山南麓，分为南北两条道路：南线从敦煌出发，经过楼兰，越过葱岭而到安息，西至大秦（古罗马）；北线由敦煌经高昌、龟兹、越葱岭而至大宛。汉唐之际，又沿天山北麓开辟一条新路，由敦煌经哈密、巴里坤湖，越伊犁河，而至拂菻国（东罗马帝国）。敦煌在丝绸之路中的重要性不言而喻，它称得上是丝路上的一颗璀璨明珠。敦煌石窟中有精美绝伦的佛教壁画，敦煌遗书中保存了大量珍贵的佛教文献，赵朴初很早就想去往敦煌参礼，他决定这次由从兰州坐汽车沿古丝绸之路，经武威、张掖、酒泉、嘉峪关等历史名城到敦煌，一路考察参观。

赵朴初一行 15 日清晨从兰州出发，中午到达武威之后，赵朴初特地去鸠摩罗什寺参观了建于后凉的古塔。409 年，鸠摩罗什圆寂于长安，这位后秦时期著名的佛教翻译家生前曾有誓言，如所译经无误，当使焚身之后舌不坏烂，武威（古凉州）就是鸠摩罗什驻锡译经之处和瘗舌之地。1927 年的地震使得寺塔被毁，仅存其半，1934 年进行了重修，古塔至今基本保持重修后的状态。赵朴初一边观看古迹，一边吟诗："译经存舌思罗什，犯难之躯念奘公。千古凉州豪杰地，故应天马自行空。"他向地方政府建议，应该重视寺塔，做好文物保护工作。次年 3 月，甘肃省即

题《敦煌劫余录续编》

公布罗什寺塔为省级文保单位。

这时，张亚杰等陪同随行人员才理解到，赵朴初没有选择便捷的交通方式直达敦煌，是特意视察沿途的寺院和佛教场所。在兰州时赵朴初就听说，河西走廊上保存最为完整的千年宝刹海藏寺，被武威市园林部门一直占据，当地僧人和信教群众对此非常不满。到达海藏寺后，赵朴初立刻召开座谈会，听取武威市党政领导及海藏寺僧人汇报，当得知寺僧进行正常的佛事活动常会遭到园林局工作人员驱赶，进寺时还得买票，而钟鼓楼也被改作公共厕所之时，赵朴初非常气愤，他对当地负责人说："这种做法是置党和国家的宗教政策于不顾，极大地伤害了广大信众的宗教感情。我劝在座的各位领导同志学习一下国家有关法律，根据中华人民共和国刑法第 147 条规定，限制妨碍僧人正常宗教活动的应判 2 年徒刑。我们理应尊重海藏寺的历史，认真落实好党的宗教政策。"在赵朴初的直接过问和干预下，园林部门不久后归还了全部寺产，海藏寺也逐步恢复了佛教圣地昔日的庄严。

在张掖大佛寺，赵朴初看到藏经殿藏有明版佛经 6600 多卷，泥金写经 600 多卷，清早期木刻经版 800 多块，一时很感惊讶，赞叹连声。他要求管理人员保护好文物，同时建议可以试着拓出经版、印刷佛经，又反复叮嘱一定要请水平高的师傅，否则很容易对文物造成破坏。

出大佛寺过酒泉抵嘉峪关市，赵朴初一行登上号称"天下第一雄关"的嘉峪关城楼，这里地势险要，所在地是河西走廊最西一处隘口，两侧城墙横穿沙漠戈壁，足称要塞，景致雄奇。赵朴初极目远眺，精神振奋，又低头沉吟，若有所思。

嘉峪关本有蒋介石的题字。1942 年 8 月，蒋介石视察玉门油矿

百年巨匠
Century
Masters
赵朴初
Zhao
Puchu

《 至嘉峪关赋赠市委市府诸同志 》

时，见嘉峪关关城年久失修，自然与人为破坏很严重，当时就指示油矿总经理孙越崎领衔修缮，后又在嘉峪关路旁山顶建所谓"精神堡垒"一座，与关并峙，嵌筑题字其上。蒋题"嘉峪关"碑石用的是附近页岩石料，材质欠佳，多年以来残缺严重，当地领导久仰赵朴初书名，遂请他重题关名。赵朴初笑了笑，讲起周恩来在河南视查时，有人请他题写城名以取代之前吴佩孚的题字，周恩来表示这样做不好，不能因为吴佩孚是军阀，就否认或者改变历史。大家听后，领会了赵朴初言下之意，于是便不再提题字之事。

当晚，嘉峪关市委市政府举行晚宴，书记李善平向赵朴初介绍，自己 18 岁志愿从首都来到戈壁滩上，和这里的劳动者同心协力，终于把酒钢建成为全国最大的钢铁基地之一，而且在产品技术上还创造了"六绝"。赵朴初听后也为之振奋，宴罢回房后，展纸写出一首长诗：

> 飚轮千里驰，四望干枯土。
> 但见累累乱石间，驼草怒若负
> 嵎虎。不期到此城，崛起穷荒
> 处。卅四年前开拓人，幕天席地
> 战万苦。夏日曝兮冬风吹，草可
> 食兮雪可煮。地尽其利兮宝藏
> 兴，人竭其力兮天阙补。酒钢
> 六绝耀西东，父老三呼夸富庶。
> 宽衢大厦比名都，鲜花嘉果满
> 瑶圃。关名嘉峪，地形据险阻。登楼遥眺南北山，俯视金汤
> 不可侮。出关身履古战场，浩浩平沙豪气吐。顾谓书记言，
> 关市相成不相负。关诚天下雄，市亦雄今古。

李善平深为赵朴初诗才之捷惊叹，看到他用长诗表达对自己工作的理解、认可和肯定，李善平很是感动，连声道谢。

早在 20 世纪 70 年代，赵朴初参观汉唐壁画时就写道："我昔神驰莫高窟，飞天持花绕诸佛。今观画壁展人间，农牧工商万象足。西汉泱泱又盛唐，二千年见几沧桑。"从昔日"神驰"，到眼下在去往敦煌的公路上"驱驰"，赵朴初感到如梦似幻般的美妙，经过连日跋涉，终于抵达这片沙漠中的绿洲。莫高窟在敦煌市东南，开凿于鸣沙山东麓断崖，前秦时期始建，其完好保存了从北朝到元代各个时期开凿的洞窟近 500 个，壁画 45000 多平方米。1987 年，这个世界上现存规模最大、内容最为丰富的佛教艺术圣地被列为世界文化遗产，吸引着来自国内外的学者、艺术家和游客。

敦煌研究院院长段文杰是著名画家和美术考古专家，他知道赵朴

《咏莫高窟》 1994 年

初来访的消息后，抱病迎接并亲任讲解。从北魏到西魏，从盛唐到中唐，段文杰精选了几个洞窟带领赵朴初一行参观，几乎是作了一段美术史的简洁梳理。其中千佛洞 285 窟最有特色，窟室正壁开券形大龛，龛两侧画摩醯首罗天、毗瑟纽天及四天王诸天众，南壁画五百强盗成佛图，北壁画七佛说法图，天井中心画巨大的莲花，除了少数飞天之外，还有不少具备中国本土文化特征的神。

参观结束以后，赵朴初感于段文杰的热忱，在来宾签名册上留题长诗以为纪念：

感君扶病导我观，讲图讲史兼说法。

密室宝藏为我开，电光开处神思发。

巨塑仰现天九重，壁画笔锋细如发。

经变西方与琉璃，故事本生兼神话。

众生种种无穷尽，悉皆摄受广采纳。

呼吸风云暨八表，内取道家外希腊。

古之作者之精诚，今之学者之通达。

护持象教感恩多，俯仰兴怀而涕下。

赵朴初非常重视敦煌壁画的临摹和研究，1980 年《敦煌飞天》中、英、日文同时出版，他为之题赞："诸天喜跃拥空王，擎盖持华绕上方。万古不停飞动意，人间至宝礼敦煌。" 1987 年中国佛教文化研究所成立时，赵朴初聘请作为研究所特约研究员的常书鸿、潘絜兹、金维诺等，都是敦煌美术专家，"古之作者之精诚，今之学者之通达"是赵朴初观看壁画、对比古今之后的概括，以往"敦煌在中国，敦煌学在国外"的局面，在 20 世纪 80 年代以后得到了根本的扭转，常书鸿、段文杰等一代代敦煌守护者功不可没。

参访过莫高窟，赵朴初似乎觉得了却了一个多年的心愿。他反复叮嘱敦煌研究院的研究人员要在保护好洞窟、文献的基础上，深入研究，把敦煌艺术和文化传播到五洲四海。离京多日，公事积压，赵朴初不舍地辞别圣域，临行前他又留下一首词：

> 莫高窟，举世莫能高。瑞像九寻惊巨塑，飞天万态现秋毫。瞻礼涌心潮。

丝路之行画上了圆满的句号，没有平复的，是赵朴初涌动的心潮。

再护佛宝

1998 年，是佛教传入中国的第 2000 年。汉哀帝元寿元年（公元前 2 年），大月氏王使臣伊存向中国博士弟子景卢口授《浮屠经》，这是目前见诸正史明确记载的关于佛教传入中国的最早记录。此后千余年间，佛教在中国得到广泛的传播。

1997 年 9 月，中国宗教学会的佛教学者提交了《关于纪念佛教传入中国二千年的报告》，获得一致肯定。1998 年 3 月，中国佛教协会专门为此召开了会长扩大会议，经赵朴初和佛协其他领导、高僧、学者确认，以"伊存授经"作为佛教初传的历史标志，并决定于当年举办"纪念中国佛教二千年"的活动。赵朴初提出，这一重要纪念活动要由中国佛教协会主办，中国宗教学会协办，以体现纪念活动宗教性和学术性的统一。7 月 15 日，全国政协礼堂举行了"纪念中国佛教二千年新闻发布会"，赵朴初发表重要讲话，在海内外佛教界产生了巨大反响，推动了纪念工作全面展开。

11 月 22 日，首都佛教界在北京西山八大处隆重集

纪念中国佛教二千年新闻发布会

《南国云飞曲》 1999 年

会，正式举行纪念中国佛教二千年活动，刚刚病愈不久的赵朴初前往出席。北京广济寺、法源寺、灵光寺、雍和宫、广化寺、通教寺的僧尼、喇嘛，中国佛学院、中国藏语系高级佛学院的法师、学僧，及首都佛教信众共四百余人参加集会。当日，西山佛牙舍利塔顶铺满霜雪，庄严圣洁，赵朴初意兴高昂，作诗表达心中的欢喜感恩之情，祈愿佛法久住、薪火永传："信知此土有深缘，圣教三车独得全。誓续慧灯无尽际，时轮再转二千年。"

在纪念活动上，赵朴初见到了香港佛教联合会会长觉光法师，两人进行了一番长谈。香港历来就有很多佛教信众，近几十年，他们一直争取将佛陀诞辰日作为公众假日，直到 1997 年 7 月香港回归后始得如

《中国佛教二千年志庆》 1998 年

愿。觉光法师提出，1999年的佛诞日第一次作为香港公众假日，大家希望能在这个具有特别意义的时间迎奉佛牙舍利接受瞻礼。赵朴初当即表示愿意竭力促成这件好事。

赵朴初与佛祖真身舍利因缘匪浅，曾两次护送佛牙出国巡礼，那已是三十多年前的事了，而最近一次亲近真身舍利，是在扶风法门寺观瞻佛指。1981年8月24日，法门寺宝塔在连绵雨水中，自上而下崩塌一半，文物部门决定拨款重修。1987年4月，建筑工人和考古人员在清理塔基时发现唐代地宫，出土了传说中的"佛指舍利"和大量唐代文物。

当时，考古工作者在地宫前室的阿育王塔里、中室的汉白玉灵帐内与后室的八重宝函中各发现了一枚舍利，经鉴定，这三枚是用玉石、骨质雕刻而成的"影骨"，而"灵骨"真身舍利则藏身后室一处地下密龛中。"灵骨"为释迦牟尼佛的一节中指骨，874年，李唐王朝最后一次迎佛骨，唐僖宗按照佛教仪轨，将佛指舍利及数千件稀世珍宝一同封入法门寺塔下地宫，这一封，就是1113年。

地宫同时出土了两件唐咸通十五年（874年）所刻碑石，其一为《大唐咸通启送岐阳真身志文》，其二为监送真身使刻制的《随真身供养道具及恩赐金银宝器衣物帐》，后者是首次发现的唐代衣物帐碑，详细罗列着地宫里2499件文物清单，也证明了

供奉佛指舍利的八重宝函

佛指舍利和其他宝物的真实性。

消息传开，立刻引起社会各界的高度关注，佛教界尤为震动。当时刚刚结束对泰国访问回到国内的赵朴初听闻这一讯息，马

赵朴初视察法门寺

上飞赴陕西，在瞻拜佛指舍利后，他连声赞叹："了不得！这是继秦始皇兵马俑之后的又一次重大发现。这次发现，对中国文化史和世界文化史都具有重要的意义。"激动不已的赵朴初，又连夜挥毫书写了一首长诗：

我昔两次送佛牙，巡游缅甸与楞伽。

举国上下争迎拜，倾城遍野持香华。

今年浴佛迎舍利，雷音普震人间世。

不期佳讯联翩来，宝藏初开法门寺。

我于是夕南天行，七日周游曼谷城。

瞻礼梵宫参白足，佛国王民仁且亲。

福德因缘恒自幸，归家又得扶风信：

从地涌出多宝龛，照古腾今无与并。

席不暇暖来西安，庆功劳苦宾主欢；

示我录像幻灯片，恍如置我唐贤间。

飚轮往返四百里，塔空亦可生欢喜。

不有坏空安有成，他年待看凌云起。

降大隧分入地宫，深深宫室闭三重。

岂知漆黑沉沉里，八部天龙拥大雄。

玉棺启见佛指骨，曾使唐皇泪盈目。

想见当年丈六身，一弹三界魔军伏。

凝视莹莹润有光，不同凡质千年藏。

影骨非一亦非异，了如一月映三江。

金银琉璃众宝器，精微工巧辉煌极。

金缕袈裟待展开，天衣遍覆无边际。

勤劳智慧叹先民，妙手所到如有神。

密藏加护赖佛力，多劫能留稀世珍。

百年巨匠
Century
Masters
赵朴初
Zhao
Puchu

《扶风法门寺佛指舍利出土赞歌》 1987 年

千载因缘逢盛世，好将佛事助文治。

天人学究集群贤，财法兼施劝多士。

重现庄严争寸阴，护持法物重微尘。

心光常注近及远，事业毋忘后视今。

赞歌充满历史感怀和现实观照，其中"影骨非一亦非异，了如一月映三江"极具智慧和哲思，巧妙地运用佛教"非一非异"的观念，描述了灵骨和影骨的关系，至于"千载因缘逢盛世，好将佛事助文治"，更见赵朴初寄望所在。1989年3月，台湾星云法师首度回大陆弘法探亲，赵朴初还邀请他同往法门寺瞻拜佛指舍利，为之后星云法师迎请舍利到台湾供奉种下胜因。

护送佛牙舍利前往香港，也满含赵朴初"以佛事助文治"的期望。约定的时间如期而至，1999年5月，香港佛教界迎请佛牙舍利瞻礼大会举行在即，但北京医院的护理医师出于健康方面的考虑，不允许仍在接受康复治疗的赵朴初出院。他们告诫赵朴初和陈邦织：绝对不宜长途旅行，更不适宜乘坐飞机。

赵朴初并非不知道自己的身体状况，但他冥冥之中似乎已经感到这次护送佛宝的旅行在他生命中的非凡意义。虽然医生极力反对，但经不住赵朴初反复请求，院方也了解到这次活动的重要性，最终医生们同意"放行"。为了以防万一，北京医院派出了主任医师和护士随赵朴初同赴香港。

获批出院的赵朴初高兴极了，浑身充满力量，精神状况极佳。5月20日，赵朴初亲自护送佛牙舍利从北京飞抵香港，觉光法师和永惺法师率领的香港佛教界迎请队伍已在机场恭候多时。

5月22日上午，瞻礼大会在红磡体育馆隆重举行，香港广大善信居士及各界人士3000多人出席。国歌声中，赵朴初与觉光法师和香港特别行政区行政长官董建华、新华社香港分社社长姜恩柱、国家宗教事务局局长叶小文同时按下电纽，为瞻礼大会亮灯。

在觉光法师的邀请下，赵朴初颤巍巍地走上发言席致辞，他回忆了自己 1956 年、1961 年先后两次护送佛牙到缅甸和斯里兰卡的经历，指出这两次巡礼对于促进邦交、交流文化、增强友谊具有重要推动作用，而此番以 93 岁高龄又亲送佛牙到祖国的香港巡礼，更感亲切荣幸，他说道："这是大家的心光和佛陀的智慧和平之光相印相契融汇感应的必然结果，也是中华民族凝聚力与爱国主义精神在佛事活动和佛教文化中的生动体现。"

赵朴初强调："肉身舍利"和"法身舍利"代表物质和精神，表示佛的福德和智慧，都是佛留给众生的宝贵遗产，是佛教文化的神经中枢，而佛教文化是中国传统文化的重要部分，是人类文明最宝贵的文化财富，它正为促进社会主义精神文明建设，净化人们心灵，启迪人类智慧发挥着积极的作用，世纪千年相交之际，它将在解决人类自身建设问题上，作出东方文明再度辉煌的独特贡献。赵朴初相信，香港得到佛牙舍利吉祥光辉的照耀加持，因缘殊胜，一定会以日日新又日新的姿态迎接新世纪的到来。

隆重的浴佛和瞻礼仪式后，赵朴初仍然难掩内心的欣喜，他对记者表示，佛牙在人间是圣物，受到亿万人的崇拜，香港回归之后迎奉佛牙来此，广大佛教信众可谓皆大欢喜、吉祥如意，香港的明天必将更加美好。赵朴初以前写诗，常把香水海比作香港，须弥山比作中国大陆，他高兴地说："香水海的水是香的，香港回归祖国之后，这个香水更加香了，更加有魅力了。"

永怀巨匠

对于香港，赵朴初有着难以割舍的情缘。20 世纪 80 年代以来，在赵朴初的主导和推动下，内地与香港佛教界进行着密切的交流，他本人也多次赴港参与各种宗教和文化活动。1982 年，大屿山宝莲禅寺拟建天坛大佛，可当大佛基座刚刚建成，就面临资金短缺的问题，赵朴初得知消息后马上联系各方，全国佛教界踊跃捐款，不长时间就筹得相当于 500 万港元的人民币，他还精心选择了航空航天工业部中国航天工业科学技术公司下属的工厂作为施工方，最终保证大佛顺利建成。1993 年 12 月 29 日，赵朴初协同国内三大语系佛教领袖和高僧大德 68 人共同参加天坛大佛建成暨开光仪式，为香港献上美好的祝福。1991 年 8 月，赵朴初专程赴港出席"山西佛教彩塑摄影展"开幕式，并参观访问啬色园和香港佛教联合会，由于他的到来，啬色园和香港佛教联合会为援建内地遭受水灾的寺庙捐款 20 万港币，宝莲禅寺也在已向内地捐救灾款 20 万元港币的基础上，再捐 80 万元。香港回归当年，赵朴初曾对一位美国记者说："我从 1997 年 5 月下旬起，每天写一遍林则徐焚鸦片词，并注明'香港回归前某日书'。大家都知道林则徐焚鸦片的事，但知道他还有焚鸦片歌咏的人，恐怕不多；大家都知道林则徐是爱国英雄，而知道林则徐是一位虔诚的佛教徒的人，恐怕更不多了。"1999 年 10 月，香港宝莲禅寺举行传授三坛大戒法会，病重的赵朴初选派了 46 名戒子赴港受戒，事后宝莲禅寺决定为内地捐建十所希望小学。

赵朴初护送佛牙赴港瞻礼，成为他人生中完成的最后一件大事，也是他最后一次远行。回到北京之后，赵朴初感到身体严重不适，6月3日，他突然发病，再次住进医院。

1999年11月25日，赵朴初在医院最后一次接待日本佛教界的友人。这天，宫崎奕保长老等在宁波参加完道元禅师入宋纪念碑揭幕式之后，来到北京拜会赵朴初。赵朴初事先获悉当日正值宫崎奕保98岁寿辰，便早早做了安排，特地为长老准备了祝寿的素宴，并向他赠送了生日蛋糕和祝寿诗翰。宫崎奕保格外惊喜和激动，他说："我们在宁波建造道元禅师的纪念碑，得到了中国佛教协会和赵会长的大力支持，我们来到北京是为了表达感谢的，没想到赵先生却特地为我个人准备了这么丰盛的生日宴会，真是令人感动！"赵朴初微笑说："长老98岁生辰，很不简单，值得祝贺。尊老敬贤也是我们中华文化和日本文化共有的传统。衷心祝愿您平安健康、光寿无量！"

宫崎奕保的思维十分敏捷，他还在宴会上向大家述说了道元禅师的事迹。席间，两位高寿长者在一起谈论佛教、谈论禅宗公案，说到日僧唱偈的方式、道元禅师的无言打坐，也谈了很多老年人生活的话题，宴会上洋溢着友好而温馨的气氛。

道元禅师纪念碑

赵朴初曾在一次大病恢复之后，写下一首诗："一息尚存日，何敢怠微躬。众生恩不尽，世世报无穷。"他确实做到了只要一息尚存，都在推动佛教和中外友好交流事业的发展。但随着年事渐高，赵朴初尚存的"一息"也渐渐衰弱。

这一年的年底，由于换了病房，病床没加护栏，赵朴初在某天睡觉时不慎摔下床来，伤了筋骨和元气，此后一直没有恢复。

春节过后，北方的气候渐渐回暖，南小栓院内的花草茂盛起来，赵朴初喜爱的青竹也恢复了生机，可是，久卧病榻的他再也不能回去亲眼看看了。

当新世纪的第一个春天告别人间，赵朴初的生命也走到了尽头，2000年5月21日傍晚5时，心脏衰竭的他闭上了双眼，仿佛逐春而去。

悲伤的陈邦织泪流满面，不愿相信赵朴初就这么离开了自己。她默默念起《心经》，不知是在安慰自己，还是在助老伴往生。

赵朴初去世后的第七天，中国民主促进会中央委员会在北京举行了追思会，民进中央主席许嘉璐、名誉主席雷洁琼等出席，共同追悼这位党派的创始人、老前辈和老领导。民进中央的大楼，至今悬挂着赵朴初手书的"中国民主促进会"七字题名。

5月30日，赵朴初的遗体在北京八宝山革命公墓火化，遗体告别仪式在公墓礼堂举行，江泽民、李瑞环、胡锦涛、李岚清等党和国家领导人前来作最后悼别。新华社发出了三千多字的电文，扼要地概括和总结了赵朴初"行愿无尽"的一生，高度评价了他为中国的宗教、文化事业和中外交流、世界和平所作出的突出贡献。

31日，"首都佛教界沉痛悼念赵朴初会长示寂回向法会"在广济寺举行，众多高僧法师一同诵经回向。中国佛教协会遵照赵朴初生前丧事从简的愿望，没有邀请外地及海外的四众弟子来京吊唁，但自愿前来吊唁者仍然不可胜数。各地佛教协会和寺院纷纷就地设置灵堂，广大四众弟子均以各种方式自发吊唁或举办示寂回向法会。

在赵朴初逝世后的十多年里，陈邦织不仅为编辑出版他的文稿、书法遗作劳心劳力，也一直关注着家乡的大事，每一份来自太湖的报告，她都亲自审阅；凡是编定后正式出版的有关赵朴初的书籍、图册，陈邦织也都要赠送一些给太湖留存。

2004 年 10 月 4 日，陈邦织捧着赵朴初的遗骨，从北京乘坐列车抵达合肥，带他回到故乡太湖。没有任何组织和宣传，从高速公路太湖站到设在县政府大楼的灵堂沿途八里长街，竟然站满了乡亲，十万之众自发前往恭迎他们敬爱的朴老还乡。经中央批准，太湖县为赵朴初遗骨进行了树葬，又在树葬地的基础上建成赵朴初文化公园。公园依山势而建，竖向高差 70 余米，沿轴线序列配置广场、门坊、月塘、碑亭、瞻仰平台和祭扫平台（树葬地），瞻仰平台上所塑赵朴初雕像高 9.3 米，神道最后段的台阶亦有 93 级，均寓意赵朴初 93 年不平凡的生命历程。

自 20 世纪 50 年代起，赵朴初先后 19 次访问日本，与日本佛教界结下了深厚的友谊，是中日佛教交流的践行者和设计师，为中日两国和平友好事业奉献出智慧和力量。他逝世后，日本前首相中曾根康弘发来唁电深切缅怀："赵朴初先生为促进日中两国友好关系的发展作出了重大贡献，留下了极大的功绩，令人赞叹不已。我今后将愿继承赵先生的遗志，为日中友好关系的进一步发展尽绵薄之力。"日中韩国际佛教交流协议会会长、净土门主中村康隆悲伤地说："赵朴初先生的逝世，对日本佛教界的法师和信徒而言，如同黑夜中失去了光明。先生把中国佛教寺院，特别是日本佛教的祖庭，恢复到了今天的样子，为日中佛教交流开辟了道路，建立了史无前例的友好关系。先

赵朴初居士之碑

生高洁的人格和渊博的学识，出自对佛教的深刻信仰和对世界和平的鞠躬尽瘁，先生提出的中、日、韩三国'黄金纽带'的金玉良言，已成为三国佛教的基本理念，并取得了可喜成果，这是先生为实现世界和平的进一步体现，是致力于世界和平的大菩萨精神，会永远留在三国佛教徒心中，并将继承和发扬。"日中韩国际佛教交流协议会还发起建立"赵朴初居士之碑"，设于奈良唐招提寺内，用以缅怀赵朴初的遗德，同时表彰他为中日两国佛教交流做出的卓越贡献。

　　一代巨匠赵朴初如落花流水般静静离去，但他对人间的美好关怀久住于世，他的手泽仍然光耀在名山古刹之中，他以诗词结下的种种善缘也流播长远，他身体力行以树立的优良道风是留给当代中国佛教界的不朽遗产。20年转瞬而过，赵朴初虽然渐行渐远，却在身后大家为他举办的一场场纪念活动中与人们更加接近，正像那不劳寻觅的清风明月，永存世间。

后　记

　　乡贤赵朴初先生是 20 世纪中国佛教界的领袖，他以护持和复兴佛教为一生之职志，由于其特殊的文化身份、高超的政治智慧和杰出的社会才能，影响力遍及多个领域，深受人们的尊崇和爱戴。

　　2007 年朴老百岁诞辰，我试作一篇《赵朴初书法精神探论》，后与汪远定兄合力扩写成同名专书，于 2010 年出版。过了一两年，东方出版中心邀写朴老传记，我仍约请远定兄共同完成，《赵朴初传：行愿在世间》定稿后，在 2014 年的元旦和读者见面。虽然至今偶尔还会收到一些师友对这两本小书的评赞，但自己回看前作，总觉得不如意处太多。今年年初，朴老生前秘书、中国佛教协会副秘书长宗家顺先生通过余世磊先生联系我，希望由我为文物出版社撰写"百年巨匠"丛书中的赵朴初卷，并言明已向出版社作了推荐。我没能找到推辞的理由，也想借此机会重新走近和理解朴老，就接下了宗先生交付的任务。感谢宗先生的信任和嘱托，《百年巨匠·赵朴初》始能以如此之样貌呈现。

　　半年多时间过去，本书顺利竣稿，此际我该再向余世磊先生表达衷心的谢意。世磊先生和他的尊人传明先生很早开始研究朴老，二十余年多方搜讨文献资料，不遗余力地宣传朴老，向大家普及朴老的思想和成就，是朴老的大功臣。十多年前我刚刚立意研究朴老，世磊先生即予以热情鼓励，我第一次到太湖，那时他腿伤未愈，一手拄着拐杖、一手提着大捆送我的书刊蹇行而来的情景，于今犹然在目。在写这本小书时，我也得到世磊先生很大的帮助，他提供不少来之不易的图片，无偿供我使用，以使本书内容更为丰富充实。另外，杨运、金建荣、齐凯、蒋朝显、黄福强、王学琛、周全、高鹏、吴欢等师友亦赐下有关朴老的诸多资料和信息，包括以往未见公布的照片，此处一并致谢。

当年撰成《赵朴初书法精神探论》后，曾向朴老好友、前辈学者叶尚志先生请益，先生不唯欣赐序言，更时颁嘉言勖勉，两地鸿雁往还，逾四五载。今值先生诞辰百年，愿以此书为心香一瓣，谨志纪念。

谷卿

2019 年 7 月于北京

参考书目

◎ 赵朴初:《滴水集》,作家出版社,1961 年。

◎ 赵朴初:《永怀之什》,北京人民出版社,1977 年。

◎ 赵朴初:《片石集》,人民文学出版社,1978 年。

◎ 陈仲瑄:《冰玉影传奇》,佛教文化研究所,1996 年。

◎ 赵朴初:《灵山集》,九洲图书出版社,1998 年。

◎ 西泠印社编《西泠往事》,西泠印社出版社,2000 年。

◎ 余传明,余世磊《不尽故乡情 —— 太湖人民怀念赵朴初》,安徽省太湖县赵朴初资料征集委员会,2001 年。

◎ 朱洪,熊旌旗主编《赵朴初研究文集》,中国致公出版社,2001 年。

◎ 赵朴初:《赵朴初诗词曲手迹选》,上海古籍出版社,2001 年。

◎ 上海市宝山区史志学会、上海市宝山区佛教协会编《雪地红旗飞吼 —— 从敬业教养院到上海少年村》,上海市宝山区委党史研究室,2001 年。

◎ 陈邦炎编《赵朴初韵文集》(全二册),上海古籍出版社,2008 年。

◎ 赵朴初:《佛教常识答问》,北京出版社,2003 年。

◎ 陈振濂主编《西泠印社百年史料长编》,西泠印社出版社,2008 年。

◎ 西泠印社编《西泠印社百年图史》,西泠印社出版社,2003 年。

◎ 朱洪:《赵朴初传》,人民出版社,2004 年。

◎ 赵洛:《诗人赵文楷》,上海辞书出版社,2004 年。

◎ 阴岭山,吴翼民编著《赵朴初与灵山大佛》,时代文艺出版社,

2004 年。

◎ 朱洪:《赵朴初因缘人生》,湖北人民出版社,2005 年。

◎ 古陀:《佛法在人间 —— 赵朴初居士释佛》,中国长安出版社,
2005 年。

◎ 张健初:《皖省首府:老安庆》,黄山书社,2006 年。

◎ 朱洪:《赵朴初说佛》,当代中国出版社,2006 年。

◎ 袁鹰:《风云侧记 —— 我在人民日报副刊的岁月》,中国档案出
版社,2006 年。

◎ 赵朴初:《赵朴初文集》(上、下),华文出版社,2007 年。

◎ 倪强:《赤子佛心赵朴初》,宗教文化出版社,2007 年。

◎ 安徽省赵朴初研究会驻上海办事处编《明月清风:纪念赵朴初
先生诞辰 100 周年文集》,安徽省赵朴初研究会驻上海办事处,
2007 年。

◎ 倪强编《赵朴初墨迹选》,江西美术出版社,2008 年。

◎ 沈去疾编《赵朴初年谱》,上海辞书出版社,2008 年。

◎ 萧秉权编著《赵朴初宗教思想研究》,上海交通大学出版社,
2010 年。

◎ 谷卿,汪远定:《赵朴初书法精神探论》,合肥工业大学出版社,
2010 年。

◎ 余世磊:《母兮吾土 —— 赵朴初与故乡安徽》,安徽教育出版社,
2010 年。

◎ 鞠稚儒主编《刘硒中艺事丛脞·履迹》,吉林美术出版社,2011 年。

◎ 鞠稚儒主编《刘硒中艺事丛脞·信札(上)》,吉林美术出版社,
2011 年。

◎ 景伟编《赵朴初书法集》，文物出版社，2013年。

◎ 谷卿，汪远定：《赵朴初传：行愿在世间》，东方出版中心，2014年。

◎ 殷书林，余世磊，郭兵：《赵朴初书赠故乡安徽墨宝集》，安徽教育出版社，2014年。

◎ 萧秉权编著《佛教领袖赵朴初》，上海市佛教协会，2015年。

◎ 学愚：《中国佛教的社会主义改造》，香港中文大学出版社，2015年。

◎ 刘梦溪：《现代学人的信仰》，商务印书馆，2015年。

◎ 《赵朴初图片集（1949—1999年）》，中国佛教协会，2017年。

◎ 黄彬，余世磊：《茶禅诗书赵朴初》，安徽大学出版社，2018年。

◎ 《法音》《佛教文化》各期相关篇什。